I0146692

THÉORIE DE L'INVENTION

23149

MF
PQ7/1896

AVERTISSEMENT

Il est difficile d'apprécier à leur juste valeur les produits de la pensée si l'on ignore comment ils ont été obtenus. La théorie de l'invention devrait donc nécessairement trouver sa place dans une théorie complète de l'art.

Il n'est peut-être pas de science plus intéressante que la théorie de l'art; peut-être aussi n'en est-il pas qui soit actuellement moins avancée. Je crois qu'il ne faut pas chercher les causes de cette infériorité ailleurs que dans cet intérêt même. Le lecteur qui parcourt un traité d'esthétique se tient pour satisfait, s'il y trouve seulement l'expression élégante des sentiments qu'il a éprouvés lui-même à l'aspect de quelque site célèbre ou de quelque chef-d'œuvre consacré. De son côté, l'écrivain qui se prépare à traiter du beau, de l'idéal, du sublime,

fait appel à toutes les ressources de son imagination
pour élever son style à la hauteur de son sujet; il
s'exalte à plaisir; il étudie la poésie en poète, l'inspiration en inspiré. Mieux vaudrait l'étudier en
psychologue. consciencieux. L'esthétique ne pourra
se poser comme science que lorsqu'elle se sera complètement dégagée de la littérature. Le critique
doit se mettre tout à fait en dehors de l'art qu'il a
charge d'apprécier. L'analyse de l'œuvre la plus
charmante ne doit pas être charmante, mais exacte.
Les philosophes qui travaillent à exprimer en beau
langage la théorie de la beauté font à peu près
comme un physicien qui se croirait tenu d'énoncer
chaleureusement les lois de la chaleur.

Nous nous efforcerons donc d'étudier, à un point
de vue purement technique, et aussi minutieusement
que possible, le mécanisme de l'invention. Nous
aurons chance ainsi de mettre quelques renseignements utiles à la disposition des psychologues qui
construiront un système plus complet.

THÉORIE DE L'INVENTION

CHAPITRE PREMIER

PRINCIPE DE L'INVENTION

L'imagination n'est pas à proprement parler créatrice. Son pouvoir se réduit à combiner d'une manière nouvelle les matériaux que lui fournit l'expérience sensible. Dans le rêve le plus extravagant, dans la fantaisie la plus ingénieuse, on ne trouve que des éléments empruntés à la réalité. Les constructions les plus originales de l'esprit sont faites de réminiscences partielles. On pourrait les comparer à ces maisons, bâties avec les décombres d'un palais, où l'on distingue encore çà et là des lambeaux de fresque et des fragments de statue. Tout ce que peut faire le génie de l'artiste, c'est de déguiser ces emprunts faits à un art étranger, et de fondre le mieux possible dans son œuvre l'œuvre de la nature. C'est avec les couleurs, les sons, les odeurs, les saveurs, les formes tangibles des objets réels, c'est-à-dire avec les sensations qu'ils m'ont données, que je construis les objets imaginaires. La preuve en est qu'il m'est absolument impossible d'imaginer un sens différent de ceux que je possède, ou même une nuance de sensation que la perception sensible ne m'aurait pas encore donnée.

Cette restriction, que nous devions faire pour déterminer les limites de l'imagination, ne doit pas nous faire méconnaitre la valeur réelle de cette faculté. Si les matériaux dont elle se sert lui sont donnés par l'expérience, au moins a-t-elle le mérite de les mettre en œuvre. Notre analyse serait incomplète, si nous ne tenions pas compte de ce travail. Décomposer la pensée, c'est la détruire, car ce qu'il y a de plus important en elle est justement sa forme. L'ordre dans lequel sont disposées les parties d'un tout est une chose positive, un fait spécial qui réclame une explication particulière. L'image est tout entière dans les sensations qui la composent, comme les mots sont dans l'alphabet, comme le tableau est dans la palette du peintre, comme la page que je vais écrire est dans mon encrier : il y faut encore la façon. Nous devons donc nous demander comment se construisent les images, et chercher quelle est la cause qui avait disposé leurs éléments dans l'ordre qu'elles présentent actuellement.

I. — L'INVENTION N'EST PAS L'ŒUVRE DE LA RÉFLEXION.

A cette question, il semble au premier abord qu'il est bien facile de répondre. La cause à laquelle il faut attribuer la construction des pensées n'est-elle pas tout simplement l'*esprit?* N'est-ce pas lui qui combine les sensations pour en former des images et les images pour en former une suite de pensées, comme un musicien avec des notes compose des phrases musicales et avec des phrases toute une symphonie? Son activité ne suffit-elle pas amplement à expliquer l'art qui se manifeste dans les produits de l'imagination?

Cette manière de concevoir la formation des idées est consacrée par l'usage ; elle a fini par passer dans la langue même, en sorte qu'il est difficile de parler de l'invention sans employer quelque tournure de phrase qui semble l'impliquer. Il serait fort gênant, et d'ailleurs puéril, de s'interdire dans la pratique ces formules courantes. Mais il importe d'en déterminer une fois pour toutes la véritable signification.

Si l'on entend par l'*esprit* nos idées mêmes, considérées dans leur activité, il n'y a aucun mal à dire que l'esprit combine les idées : c'est dire simplement qu'en fait elles se combinent. Les mots n'ayant après tout que la valeur qu'il nous plaît de leur attribuer, nous sommes parfaitement libres de parler ainsi. Nous devons seulement nous garder de croire que

cette manière de s'exprimer contienne l'ombre d'une
explication. En appelant esprit l'activité qui produit
mes idées, je n'apprends rien aux autres ni à moi-
même sur la nature de cette activité : je ne fais que
donner d'avance un nom à la cause qu'il me reste à
découvrir.

Il est toutefois prudent, lorsque l'on décide que
l'on prendra les mots dans un certain sens, de faire
attention à celui que l'usage leur a attribué. Autrement, l'habitude reprenant peu à peu le dessus, on
substituerait insensiblement la signification connue
du mot à sa signification conventionnelle, et tous
les raisonnements dans lesquels on l'aurait fait entrer
se trouveraient viciés. Or le mot d'esprit a dans
l'usage un sens plus précis que dans la définition
donnée plus haut : il ne désigne pas une force quelconque, mais une force intelligente. Si donc on rend
à ce terme sa signification ordinaire, attribuer à
l'esprit la formation des idées, c'est affirmer implicitement que l'invention est une œuvre réfléchie,
préméditée, intentionnelle. Je ne vois aucune difficulté à prendre ainsi le mot ; mais alors je ne puis
plus admettre la chose. Si l'on entend par l'*esprit*
une activité intelligente, je dis que l'invention n'est
pas l'œuvre de l'esprit.

Valeur de l'intelligence. — Je suis habitué à
voir dans toute œuvre d'art la réalisation d'une idée.
L'enfant qui trace avec son doigt des cercles sur le

sable conçoit en lui-même un cercle idéal qu'il copie de son mieux. Le sabotier qui dégrossit un bloc de bois a toujours présente à l'esprit la forme qu'il veut lui donner : dans la masse informe qu'il entame, il voit en imagination son sabot, tout achevé, et dont il ne lui reste plus qu'à dégager les contours. Le peintre qui ébauche un tableau travaille toujours d'après un modèle intérieur; car, alors même qu'il a devant les yeux un objet réel, il ne peut le copier que d'après l'image qu'il s'en fait, et même de souvenir. Avant de mélanger ses couleurs, il se représente la nuance qu'il veut obtenir; avant de les porter sur la toile, il les y projette en imagination. — Ainsi l'art, à tous ses degrés, nous apparaît comme le produit d'une activité intelligente; chacune des opérations qui concourent au résultat définitif est imaginée avant que d'être exécutée; et l'œuvre matérielle n'a sa raison d'être que dans les idées qu'elle exprime.

Si maintenant nous venons à nous demander comment ces idées mêmes avaient été conçues, notre esprit, entraîné par la force de l'analogie, est porté à croire qu'elles aussi elles ont été produites intentionnellement. Si l'on admet que le peintre a besoin d'une idée pour faire son tableau, peut-on croire que c'est machinalement et sans dessein préconçu qu'il a composé ce tableau imaginaire dont le tableau visible n'est que la copie? L'art extérieur qui donne forme à la matière ne suppose-t-il pas un art intérieur qui, par de semblables procédés, donne forme aux images?

En y réfléchissant toutefois, il est facile de voir que les conditions ne sont pas du tout les mêmes. L'œuvre matérielle ne pouvant être exécutée que peu à peu, il faut bien que l'artiste, quand il la commence, sache d'avance ce qu'il veut faire. L'exécution d'une statue ou d'un tableau est une œuvre longue et compliquée, qui suppose un grand nombre d'opérations concourant toutes à une même fin, et par conséquent un plan préconçu. Mais il n'en est pas de même des images. D'ordinaire, elles se forment en nous avec une rapidité qui exclut toute hypothèse de préméditation. L'œuvre si lentement élaborée a été d'ordinaire conçue d'un seul coup. Les idées les plus originales se forment presque instantanément. Leur apparition est si brusque, que nous en sommes nous-mêmes surpris. Loin de les avoir préconçues, nous ne les avions même pas pressenties.

Il est bien rare que les idées que nous trouvons soient précisément celles que nous cherchions. Au cours d'une conversation frivole, on imaginera tout d'un coup la solution d'un problème scientifique. En lisant un traité de géométrie, on trouvera une idée musicale. Nous trouvons le plus souvent nos idées par digression. Ainsi, au moment où je commençais à écrire cet alinéa, je m'efforçais de trouver des exemples de cette déviation involontaire de la réflexion ; et justement je me mis à penser aux rapports de la critique et de l'inspiration, que dans mon plan j'avais rejetés beaucoup plus loin. Ne pouvant me soustraire à cette obsession, je notai l'idée qui s'imposait à moi, à savoir qu'il était impossible de faire à la critique sa part, et que dans le travail de la composition il ne pouvait y avoir que deux méthodes de développement, l'une rapide et absolument irréfléchie, l'autre tout à fait réfléchie et très lente. Pour profiter de ces bonnes dispositions, je m'imposai la tâche de suivre cette idée et de penser exclusivement à la valeur de la critique. Mais, lorsque j'eus écrit quelques lignes sur ce sujet, j'éprouvai cette sensation particulière qui nous affecte lorsqu'une personne que nous ne voulons pas regarder s'approche de nous. Je sentais revenir les idées que j'avais essayé d'écarter; ma pensée se retournait malgré moi vers mon premier sujet; et tout à coup, au moment même où je concentrais le plus fortement mon attention sur l'idée de critique, je prononçai très nettement en moi-même la phrase suivante : *Il faut penser à côté.* Cette phrase s'était si bien formée toute seule et à l'improviste, que je ne la compris qu'après coup, comme il arrive lorsqu'on nous adresse brusquement la parole et que notre pensée est ailleurs. Ainsi l'effort de réflexion que je portais sur l'idée de critique aboutissait à une idée relative aux distractions de l'intelligence , comme tout à l'heure, en réfléchissant à ces distractions, je m'étais mis justement à penser à la critique. — Je pourrais donner mille exemples de ce genre. Le cas particulier que je viens de citer n'a rien de remarquable par lui-même. Si j'analysais presque toutes les idées développées dans cet ouvrage, je pourrais montrer que chacune d'elles m'est venue au moment même où je réfléchissais à une autre; en sorte que, si mes réflexions avaient un effet, c'était bien rarement celui auquel je m'attendais. En pareille matière, il serait téméraire d'attribuer à des observations personnelles une valeur générale. Je crois pourtant que le procédé de composition dont je me suis surtout servi est le plus ordinaire, et que par la réflexion nous trouvons plus facilement des idées à côté du sujet qui nous occupe que sur ce sujet même. Pour que nous puissions suivre régulièrement une même idée, il faut qu'elle ait pour nous un intérêt majeur : alors ces digressions involontaires sont plus rares et plus courtes; nous croyons même n'en faire aucune, par cette simple raison que nous les oublions aussitôt. De toutes les pensées qui se présentent à notre esprit, nous remarquons seulement celles qui se rapportent directement à notre sujet, laissant les autres disparaître d'elles-mêmes comme elles étaient venues. Nous perdons ainsi une grande quantité de travail intellectuel, qu'il y aurait peut-être moyen d'utiliser, en menant pour ainsi dire de front toutes les parties d'un même ouvrage et même plusieurs ouvrages à la fois.

Nous venons de montrer qu'un très grand nombre d'images nous apparaissent trop brusquement pour avoir été préméditées. Restent celles que nous formons de parti pris, que nous achevons à loisir, que nous perfectionnons et retouchons comme une œuvre d'art. Il semble que celles-là au moins doivent faire exception à la règle que nous avons posée plus haut, et que leur production ne peut être qu'intentionnelle. Mais, après mûr examen, on reconnaîtra que cette nouvelle supposition doit être également abandonnée.

Un architecte compose en lui-même le plan d'un édifice. Il imagine des lignes, d'abord vagues et indistinctes, qui prennent ensuite plus de précision et s'arrêtent enfin à une forme déterminée. Peut-on croire que, lorsqu'il se livre à ce travail de composition, il ait une idée bien nette de ce qu'il va faire? Il sait bien quelle est la destination de cet édifice, et quel en doit être à peu près le prix; mais ce ne sont là que les données du problème dont il reste à trouver la solution; on ne peut y voir un plan de composition, mais seulement un programme de recherches. Si l'architecte savait exactement quel doit être l'édifice demandé, qui l'empêcherait de se le représenter immédiatement? Comment s'expliquerait-on les lenteurs et les tâtonnements de la recherche? De deux choses l'une : ou l'idée d'après laquelle serait composée l'image suffirait pour la déterminer complètement, ou elle lui laisserait une certaine incertitude. La première hypothèse est évidemment inadmissible; car, si l'image est la copie d'une idée, je demande de quoi l'idée même est la copie. De copie en copie, il faudrait bien arriver à une idée entièrement originale, qui servirait de modèle à toutes les autres et ne serait elle-même imitée de rien. On a beau reculer le plus possible la difficulté, on finit toujours par la retrouver tout entière. Expliquer la formation d'une image par une idée antérieure, cela revient à dire que pour concevoir une chose il faut l'avoir préconçue : autant vaudrait nier la possibilité de l'invention. La seconde hypothèse est plus acceptable dans la forme. On affirme que, avant de former des images bien nettes et bien précises, il faut s'en être fait au moins une vague idée. Cette nouvelle formule a l'avantage de ne pas intervertir l'ordre de nos conceptions. Il est certain que notre esprit va du moins parfait au plus parfait, de l'image indécise à l'image déterminée. Mais, dans ce cas, on voit clairement que l'image préconçue est l'ébauche et non le modèle de l'image définitive. Puisqu'il y a progrès dans la formation des images, tout ce qui fait l'originalité des dernières est sans précédents dans les premières : en sorte qu'aucun de ces perfectionnements successifs ne peut avoir été prémédité.

S'il est une chose que l'on ne peut expliquer par la préméditation, c'est bien le progrès intérieur. On peut dire que les deux idées sont absolument contradictoires. C'est ce que nous montrera une courte analyse de l'idée de finalité.

Quand nous disposons intentionnellement la série de nos actions, la fin à laquelle nous tendons semble à la fois déterminée et déterminante par rapport à la série : déterminée, puisqu'elle en sera l'effet ; déterminante, puisqu'elle en est le motif. Mais il est évident qu'elle ne peut avoir ce double caractère à un même point de vue : ce ne peut être la même chose qui se trouve à la fois au commencement et à la fin de la série. Ce qui est déterminé, c'est l'acte même ; ce qui est déterminant, c'est l'idée de cet acte. La finalité n'est donc pas la détermination de l'acte présent par l'acte futur, mais au contraire la détermination de l'acte futur par l'idée que nous en avons présentement. Il résulte de là que, si notre esprit se bornait à réaliser des intentions, il ne ferait pas un pas en avant. Penser intentionnellement, ce ne serait autre chose que conformer ses idées futures à ses idées actuelles, ou autrement dit se répéter. La supposition n'est même pas intelligible. On comprend qu'un acte matériel soit intentionnel, car alors la fin que l'on se propose de réaliser est bien distincte de l'idée que l'on en a. Mais, si l'on se proposait de concevoir une idée, comme on saurait quelle est l'idée qu'on cherche, on la concevrait déjà, et par conséquent on n'aurait pas à la chercher. Ainsi l'idée de finalité ne peut en aucune façon servir à expliquer le progrès intérieur de l'esprit.

Nous voyons maintenant ce qu'il faut penser de la théorie qui attribue à l'*esprit* la formation des pensées, et en quel sens nous pouvons admettre cette façon de parler. Les images que nous concevons à chaque moment ne sortent pas du chaos, mais d'une pensée antérieure. Avant que nos idées fussent combinées dans leur ordre présent, elles avaient déjà un certain ordre, ou notre esprit avait déjà une certaine organisation. Lorsque nous nous disposons à concevoir une pensée nouvelle, nous abordons ce travail avec une certaine somme d'intelligence acquise ; et cette intelligence déterminera, au moins en partie, la pensée que nous allons concevoir. Mais, dans l'idée nouvelle que nous aurons conçue, quels sont les éléments que nous ne pourrons expliquer par notre intelligence acquise ? Ce seront précisément ceux qui font la nouveauté de l'idée ; ce sera précisément mon invention. On a raison de dire que l'esprit est intelligent, et qu'il invente ; mais ce n'est pas avec son intelligence qu'il invente. L'invention n'est donc pas une opération consciente et réfléchie : nous allons voir qu'elle n'est même pas une opération méthodique.

Valeur de la méthode. — Si l'esprit, dans le travail de l'invention, ne peut se faire à l'avance une idée du résultat qu'il veut atteindre, ne peut-il être guidé dans ses recherches par des règles générales, qui lui montreront au moins dans quelle direction il

doit s'avancer? Il y a deux façons d'arriver à un but :
la première est de l'avoir toujours devant les yeux ;
ainsi fait le voyageur qui marche à travers champs
vers un clocher lointain. La seconde est de suivre
une route qui y conduise. Dans ce cas, le but auquel
on tend reste invisible ; mais on est sûr de l'atteindre,
à la condition de ne pas s'écarter de l'itinéraire fixé.
Cherchons dans quelle mesure ce procédé, qui n'est
autre chose que la méthode, est applicable à l'invention.

En général, les logiciens qui ont voulu prouver
l'efficacité de la méthode et montrer les applications qu'on en peut faire ont pris leurs exemples
dans les découvertes scientifiques plutôt que dans
les inventions artistiques. Cette préférence s'explique facilement. Les idées artistiques sont ce que
leur auteur veut qu'elles soient ; il ne doit se conformer, en les créant, qu'aux exigences générales de
l'art, qui laissent une large place à sa fantaisie. Le
but auquel tend l'artiste étant par avance indéterminé, il est par trop évident qu'il est impossible de
déterminer la route qui y conduit. Le savant au contraire se propose de découvrir des choses qui sont
dès à présent réelles, ou des idées qui sont dès à
présent vraies : la nature de l'objet qu'il poursuit
étant déterminée, il semble plus facile de déterminer
la nature des procédés par lesquels il pourra l'atteindre. Mais c'est là une différence tout extrinsèque,
qui ne change rien à la nature de l'investigation. Si

l'on se place au point de vue de celui qui cherche,
la *découverte* n'est pas plus aisée que l'*invention;*
car, si l'idée scientifique est déterminée par elle-
même, elle est indéterminée aux yeux du chercheur
qui ne la connaît pas. Pour découvrir une vérité, il
faut commencer par la poser à l'état d'hypothèse,
c'est-à-dire par l'inventer. Toute méthode de découverte doit être en même temps une méthode d'invention. Nous aurions donc le droit de faire porter
notre argumentation sur l'une aussi bien que sur
l'autre. Il vaut pourtant mieux étudier de préférence
la découverte. Puisque c'est d'elle que parlent surtout les logiciens pour montrer que leur procédé
méthodique est efficace, c'est d'elle aussi que nous
devons surtout parler pour montrer qu'il ne l'est
pas.

La position de l'esprit par rapport aux idées qu'il
cherche est chose assez délicate. Si nous savions
quelle est l'idée que nous cherchons, nous l'aurions
déjà trouvée; et d'autre part, si nous ne savions rien
de cette idée, nous ne la chercherions pas. La recherche suppose de notre part une certaine connaissance et une certaine ignorance. Ce que nous igno-
rons de l'idée cherchée, c'est sa forme même; ce
que nous en connaissons, ce sont les conditions auxquelles elle doit se conformer. Toute recherche men-
tale peut donc se formuler ainsi : *engager son esprit
dans une série d'idées, telle que la dernière idée*

conçue soit conforme à des conditions données.

Rien de plus simple, s'il nous est déjà fréquemment arrivé de faire une recherche de ce genre. L'expérience nous a appris à quelle idée aboutissait telle série, et au bout de quelle série se trouvait telle idée. En ce cas, la solution du problème étant certaine, on dit que nous avons une méthode pour le résoudre. — Soit ce simple problème d'arithmétique : étant donné le produit de deux facteurs et l'un d'eux, trouver l'autre. Nous voici bien dans le cas que nous décrivions tout à l'heure : je sais à quelles conditions doit se conformer le nombre cherché, et j'ignore quel est ce nombre. Pour le trouver, il faudra que je fasse passer mon esprit par une assez longue série d'idées préalables. Mais l'expérience m'a appris dans quel ordre devaient être disposées ces idées ; et je m'engage immédiatement dans la série voulue ; je commence à poser des chiffres conformément aux règles de la division, certain que le nombre trouvé en dernier lieu sera bien le quotient cherché. Le problème est si facile à résoudre, que je ne le regarde même pas comme un *problème,* mais comme une simple *opération.* — Par une méthode aussi infaillible et avec la même facilité, le physicien calculera le volume d'un gaz sous une pression donnée ; le mécanicien déterminera la résultante de forces diverses appliquées à un même corps. Ce n'est pas seulement dans la science, mais dans l'industrie, dans l'art, dans la vie journalière, que l'on pourrait

trouver des exemples de cette invention méthodique. L'ingénieur sait comment il doit s'y prendre
pour construire un pont d'une certaine résistance
ou une machine d'une certaine puissance ; le musicien produira à volonté certains effets par l'emploi
de rythmes ou de modes connus ; l'auteur dramati-
que a un certain nombre de recettes pour faire
valoir une scène par contraste avec d'autres ; l'orateur sait quelles considérations auront le plus d'influence sur l'assemblée devant laquelle il parle. Dans
la vie privée, l'homme habile n'a pas besoin de se
mettre en grands frais d'imagination pour trouver
les moyens d'agir sur l'esprit des autres hommes,
de leur arracher des confidences, de les persuader
ou de les dissuader. Méthode, savoir-faire, procédé, expérience, routine : tous ces mots, appliqués
à l'invention, ont au fond le même sens : ils dési-
gnent l'art d'arriver à une fin déterminée par des
moyens connus.

Telle est l'utilité de la méthode : une fois découverte, elle permet à l'esprit d'arriver à ses fins sans
nouvel effort d'imagination, et pour ainsi dire mécaniquement. Aussi doit-on moins regarder les inventions méthodiques comme une invention réelle,
que comme le résultat ou l'application d'inventions
antérieures. Le véritable inventeur est celui qui a
découvert la méthode même ; et il est évident qu'il
n'a pu la découvrir méthodiquement. Comment
donc l'a-t-il trouvée ?

Un problème nous est posé dont nous avons à inventer la solution. Nous savons à quelles conditions doit être soumise l'idée cherchée ; mais nous ne savons pas quelle série d'idées nous y conduira. En d'autres termes, nous savons comment la série de nos pensées doit finir, mais nous ne savons pas comment elle doit commencer. En ce cas, il est évident qu'elle ne peut commencer qu'au hasard. Notre esprit s'engage dans la première voie qu'il trouve ouverte devant lui, s'aperçoit qu'il fait fausse route, retourne sur ses pas et prend une autre direction. Peut-être arrivera-t-il tout de suite à l'idée cherchée ; peut-être y arrivera-t-il fort tard : il n'en peut rien savoir à l'avance. Dans ces conditions, nous en sommes réduits à compter avec le hasard.

Dans le dernier cas que nous avons analysé, nous supposions que nous avions à résoudre un problème dont l'énoncé nous était donné. Mais comment cet énoncé même avait-il été trouvé? On dit qu'une question bien posée est à moitié résolue. L'invention véritable consiste donc à poser les questions. Il y a quelque chose de mécanique pour ainsi dire dans l'art de trouver les solutions. L'esprit vraiment original est celui qui trouve les problèmes. Mais ici il n'y a plus à parler de méthode, puisque la méthode est l'application de découvertes antérieures. La découverte d'un problème nouveau ne peut donc être que fortuite. Ainsi nous voyons la part de la logique diminuer, et celle du hasard grandir, à mesure que

nous nous rapprochons des conditions de l'invention
véritable. Le hasard est le principe premier de l'invention : c'est lui qui a produit la méthode, c'est lui
qui la nourrit et la féconde. La méthode ne peut
qu'analyser les idées qui lui viennent d'ailleurs, en
tirer les conséquences, en épuiser le contenu. Abandonnée à elle-même, elle deviendrait bientôt stérile. Les esprits méthodiques ne peuvent se défendre
d'un sentiment de dédain pour les esprits aventu-
reux, qui affirment avant de prouver et croient avant
de savoir. Mais ils devraient se rendre compte que,
sans une pareille audace, aucun progrès ne serait
possible. L'esprit ne peut se renouveler par son propre fonds. Les idées nouvelles ne peuvent avoir de
prototype : leur apparition ne peut être attribuée
qu'au hasard.

Valeur de la réflexion. — Est-ce à dire que nous
pouvons nous désintéresser complètement du travail qui s'effectue dans notre esprit et nous dispenser de tout effort personnel? Non sans doute; car, si
nous en sommes réduits à compter avec le hasard,
nous pouvons nous le rendre plus favorable, en aug-
mentant le nombre de nos chances.

Pour cela, nous devons stimuler l'activité de
notre pensée, de façon à faire comparaître devant
nous un plus grand nombre d'idées. — Cet effort est
nécessaire pour deux raisons. — D'abord il rendra la
découverte plus prompte. La série d'idées que nous

avons à parcourir sera moins longue, puisque nous la parcourrons plus rapidement. Sans doute il peut se faire qu'un esprit indolent arrive presque aussitôt au but, et qu'un esprit actif s'attarde longtemps dans des recherches inutiles; mais le premier aurait trouvé plus tôt encore sans son indolence, et le second plus tard sans son activité. Les injustices du hasard ne doivent pas décourager le chercheur et lui faire croire que son travail a été perdu. L'effort de méditation est une cause constante dont l'effet peut être masqué par les causes accidentelles dans quelques cas particuliers, mais dont la véritable valeur apparaîtra certainement si l'on considère un nombre de cas suffisant. Nous ne pouvons maîtriser complètement le hasard; mais nous pouvons le forcer à nous servir plus tôt, en pensant plus vite. — En second lieu, l'activité nous est nécessaire pour nous garder des idées fixes. L'imagination, abandonnée à elle-même, a une tendance à revenir toujours au même point. Il est des inventeurs qui ont été toute leur vie obsédés par une idée chimérique, à laquelle ils n'avaient pas la force de se soustraire. Cette sorte de monomanie, que l'on regarde trop souvent comme une preuve de courage et de ténacité, est le propre des imaginations faibles et paresseuses. Quand on s'est engagé dans une impasse, il faut avoir la force de revenir en arrière et d'entrer résolument dans une autre série d'idées. L'esprit vraiment actif n'est pas celui qui s'attarde dans l'utopie et dans le rêve, mais celui qui est toujours éveillé, toujours en marche et qui se renouvelle lui-même incessamment.

La réflexion a donc pour but et pour effet d'augmenter le nombre de nos idées. En un autre sens, elle doit tendre à le restreindre. En effet, ce que nous cherchons, ce n'est pas une idée quelconque, c'est une idée qui réponde à une définition donnée. Nous devons donc nous interdire toutes les hypothèses qui nous écarteraient visiblement de l'objet de notre recherche et renfermer notre pensée dans des limites rigoureuses. *La réflexion est une rêverie limitée.* C'est pour cela que l'étude des sciences abstraites exige beaucoup plus d'imagination qu'on ne le croit ordinairement. Le romancier, qui peut se livrer à tous les caprices de son esprit et abandonner un sujet épuisé pour passer à un autre, a moins besoin d'originalité véritable que le savant, qui pour résoudre un problème donné doit trouver beaucoup d'idées sur un sujet restreint. — Comment fixer ainsi des bornes à notre pensée et lui interdire toute digression? Évidemment il ne suffit pas de le vouloir. Quand une fois nous nous serions abandonnés au cours de l'association, notre volonté ne pourrait nous ramener à notre sujet que si nous y pensions, c'est-à-dire si l'idée nous en venait par hasard. Nous pouvons seulement prendre nos précautions pour que cette idée ne puisse manquer de nous apparaître au bout d'un certain temps. Nous avons tous remarqué

que la vue des objets extérieurs changeait la suite
de nos conceptions, en y introduisant des images
inattendues : cette intervention des causes étrangères, qui ne paraissait propre qu'à rendre notre
pensée plus capricieuse, nous permettra de la ré-
gler ; elle fournira à notre volonté un moyen indirect
d'en réprimer les écarts. Pour cela, nous n'aurons
qu'à nous mettre sous les yeux des objets auxquels
ait été associée l'idée qui nous occupe : ce sera, par
exemple, une figure géométrique, un dessin, un
énoncé de problème, un signe conventionnel. La vue
de ces objets ne pourra manquer, au bout d'un certain temps, de ramener notre pensée dans la direction voulue ; notre esprit, emporté un instant par le
courant de la rêverie, reprendra pied en les rencon-
trant, et redeviendra maître de ses mouvements.
Les objets matériels dont nous nous entourerons seront une sorte de point d'appui que nous donnerons
à notre volonté, pour lutter contre l'entraînement
de l'imagination. Il n'est pas jusqu'aux choses les
plus indifférentes en apparence à notre pensée, qui
n'aient sur elle une influence. Un écrivain tiendra à
travailler toujours dans la même chambre, sur la
même table, avec la même plume. Ces petites ma-
nies ont leur raison d'être. L'écrivain s'est fait de
toutes ces choses un véritable instrument de réflexion ; il a associé à ses méditations journalières la
vue de ces objets familiers ; en sorte que son imagination se trouverait déconcertée par un changement

d'habitudes. Il nous est fort difficile de suivre un raisonnement en nous promenant dans une rue fré-
quentée, ou même en regardant les passants par la
fenêtre, parce qu'alors nous sommes distraits à chaque instant par des images nouvelles. D'autre part,
il ne faudrait pas croire que nous penserions mieux
les oreilles bouchées et les yeux fermés. On ne
ferme les yeux un moment que pour se représenter
avec plus de netteté une image, un tableau, un paysage; mais, si l'on restait trop longtemps plongé
dans cette nuit artificielle, on se laisserait bientôt
aller à une simple rêverie. Le meilleur moyen de
fixer son esprit sur une idée abstraite est de regarder fixement un objet matériel. C'est ce que chacun
fait par instinct. Voyez un homme qui réfléchit profondément. Il semble mettre toute son attention à
regarder quelque objet futile. Les sourcils froncés,
les yeux fixes, il considère gravement un tison de son
foyer, un grain de poussière sur son livre, une mou-
che posée sur le mur. Mais sa pensée est ailleurs. S'il
s'impose la tâche d'étudier ces détails insignifiants,
c'est pour immobiliser son imagination, pour la fixer
sur une idée particulière. De là vient peut-être que
l'exercice de la pensée produit en nous un sentiment
de lassitude. Ce qui nous fatiguerait dans une méditation prolongée, ce ne serait pas tant la conception
des idées, que les efforts musculaires que nous faisons pour adapter les organes de nos sens à des perceptions déterminées.

Tels sont les avantages de la réflexion : elle accélère et règle en même temps le mouvement de notre pensée ; mais il faut bien reconnaître qu'elle ne saurait donner par elle-même la moindre originalité à un esprit naturellement infécond et banal. Nous ne pouvons, par un simple effort de volonté, faire jaillir de notre esprit une seule idée nouvelle. La réflexion est nécessaire pour utiliser le génie inventif, elle est impuissante à le remplacer.

Les philosophes et les poètes qui nous ont parlé de l'inspiration ont employé pour la décrire les métaphores les plus variées. C'est une voix qui leur parle à l'oreille, un dieu qui les inspire, un rayon d'en haut qui les éclaire, un aigle qui les enlève aux cieux. A travers toutes ces images, on distingue fort bien cette idée, que l'inspiration est un pouvoir extérieur à nous et indépendant de notre volonté. Peut-être les écrivains, par un singulier calcul d'amour-propre, ont-ils accordé trop peu d'importance au travail et à la réflexion quand ils nous ont décrit la composition de leurs œuvres. Telle pièce, que la muse leur aurait dictée dans une heure de fièvre, a été écrite à main reposée, avec force retouches et repentirs. Mais, en faisant la part de l'exagération poétique, il reste encore que la plupart de nos idées, et souvent les meilleures, nous sont venues par hasard, en dehors de toute réflexion.

Je dirai plus. Trop de réflexion peut nuire. Certaines idées nous fuient par cela même que nous les

poursuivons avec trop d'obstination. Chacun de nous
en a fait cent fois l'épreuve. — Nous voulons retrouver le nom d'une personne : tant que nous nous appliquons à cette recherche, nous ne trouvons rien ;
dès que nous cessons d'y penser, le nom qui nous
fuyait se présente de lui-même à nous. C'est que
nous le cherchions dans une catégorie de mots trop
restreinte, empêchant ainsi notre esprit de le trouver par quelque association plus lointaine. — Un
homme cherche un objet perdu. Il le trouvera bien
plus vite en laissant ses yeux errer sur toute l'étendue du champ à explorer qu'en regardant à la loupe
chaque point du sol. — C'est ainsi que nous devons
faire quand nous allons à la découverte des idées.
Nous devons laisser à notre intelligence un peu de
liberté et ne pas lui interdire toute digression. Les
esprits trop réfléchis ont la vue courte ; le détail les
empêche de voir l'ensemble ; absorbés dans leur investigation trop minutieuse, ils passent sans les aper-
cevoir à côté des grandes idées qui auraient dû les
frapper tout d'abord. Cet excès est rare, il est vrai ;
et peut-être y a-t-il quelques inconvénients à le signaler. Il est dangereux de médire de la réflexion.
Dans la pratique, on ne saurait trop la recomman-
der. Mais, faisant ici de la théorie pure, nous sommes
en droit de montrer où peut conduire l'abus d'une
chose excellente en soi.

II. — L'invention n'est pas l'œuvre de la logique.

Ne nous hâtons pas pourtant de conclure. — Nous croyons avoir montré que la formation de la pensée ne peut être intentionnelle. Mais de là à dire qu'elle est toute fortuite, il y a loin. Si nous ne pouvons obtenir d'idées originales par la réflexion et la méthode, ne pouvons-nous au moins en obtenir par la force du raisonnement? Les objections que nous avons faites à la première théorie ne nous autorisent pas à condamner d'avance la seconde. Il y a entre elles une grande différence. Dans la première, on voulait faire de l'invention une œuvre consciente, intentionnelle, préméditée, une œuvre d'art en un mot : hypothèse inacceptable, comme nous l'avons reconnu. Dans la seconde, on accorde que la formation de nos idées est soustraite à l'influence de notre volonté; mais on affirme qu'elle n'en obéit pas moins à une loi. Dans cette nouvelle hypothèse, l'invention s'expliquerait par l'action des principes rationnels, qui régiraient, même à notre insu, les mouvements de notre esprit; elle serait le produit naturel de notre intelligence, qui se développerait spontanément suivant les lois de la logique.

Cherchons donc quelle peut être la valeur du raisonnement logique, et demandons-nous s'il est capable de nous faire trouver quelque vérité nouvelle.

Il est d'usage de distinguer deux espèces de raisonnement : l'un, la déduction, qui conclurait du général au particulier; l'autre, l'induction, qui concluait du particulier au général.

Analyse de la déduction. — Etant donné un principe général, il est clair que toutes les propositions particulières que l'on peut en tirer sont données en même temps, de sorte que la vérité de l'une implique la vérité des autres. Mais d'où vient précisément que nous sommes obligés d'admettre les conséquences en même temps que le principe? Est-ce parce qu'elles sont moins générales que lui? Non, mais parce qu'elles en font partie, parce que nous ne pourrions les nier sans le nier lui-même, en un mot parce qu'elles lui sont identiques. Le raisonnement déductif n'est concluant que par les équations qu'il pose. Raisonner du plus au moins, c'est ne pas tirer complètement parti de toutes ses prémisses. Toute la partie du principe que l'on ne fait pas entrer dans le raisonnement est un simple résidu, qui ne contribue en rien à la démonstration. Il ne peut y avoir intérêt à employer ce procédé que lorsque l'on n'est pas tout à fait certain de la rigueur de sa déduction, et que l'on a besoin de rassurer l'esprit contre les erreurs possibles par une surabondance de preuves. Mais le raisonnement qui conclut par simple identité a toute la valeur qu'un raisonnement puisse avoir et est pleinement démonstratif.

Analyse de l'induction. — Quant à un raisonnement qui conclurait du moins au plus, je n'y puis voir qu'un simple sophisme. Il est étrange que, après avoir bien démontré que dans le syllogisme la conclusion ne doit jamais avoir plus de portée que les prémisses, on aille imaginer un genre de raisonnement qui consisterait justement à enfreindre la règle essentielle du raisonnement. Sans doute notre esprit a une tendance irrésistible à généraliser ses observations, à faire une loi de quelques faits particuliers. Cette audace lui réussit souvent; mais, si l'expérience peut la justifier après coup, la logique ne peut l'autoriser à l'avance. Dans ces prétendus raisonnements inductifs, tout ce qui dépasse les faits sur lesquels on s'appuie est pure hypothèse et ne peut être admis qu'après vérification. Ces raisonnements perdent en force tout ce qu'ils gagnent en étendue. Plus on s'avance dans la généralisation, plus les chances d'erreur se multiplient. Aussi l'induction peut-elle se réduire à un simple calcul de probabilités. Les remarques faites sur un certain fait ne peuvent être appliquées en toute rigueur qu'à des faits identiques. Si l'on veut les étendre à des faits simplement analogues, le raisonnement ne sera plus que probable; et sa probabilité ira décroissant avec les analogies mêmes. — Qu'est-ce d'ailleurs qu'une analogie? C'est une identité partielle ou confusément aperçue. Pour que deux choses se ressemblent, il faut qu'elles possèdent en

commun quelques qualités identiques. Je dis identiques et non analogues. En effet, si les qualités communes étaient simplement analogues, je ne pourrais
mesurer la ressemblance des deux objets qu'à la
ressemblance des deux qualités; et cette seconde
ressemblance échapperait elle-même à toute appréciation, si elle devait être à son tour évaluée par un
pareil procédé. Le degré de ressemblance ne se mesure pas au degré d'analogie des qualités communes,
mais au degré d'abstraction de la qualité qui se
retrouve identiquement dans les deux objets. On dit
qu'il y a des choses qui sont absolument identiques
ou différentes, comme deux nombres; et des choses
qui se ressemblent plus ou moins, comme un tableau
et sa copie, une tête d'homme et une tête d'animal,
une sensation et une autre sensation. Cette distinction est juste, mais elle porte sur la nature des
objets comparés et non sur la nature des jugements
par lesquels on compare. Peu importe que dans les
objets comparés le nombre des parties semblables
soit plus ou moins grand, ou même qu'il ne puisse
en aucune façon être évalué : toujours est-il que,
même dans les analogies les plus lointaines, on
peut retrouver, en poussant assez loin l'abstraction, l'attribut unique que nous avions plus ou moins
clairement aperçu dans les deux objets à la fois et
qui nous les avait fait déclarer analogues. En sorte
que les raisonnements par ressemblance et par
analogie, si vagues qu'ils soient, peuvent encore

se ramener à des raisonnements par identité.

En fin de compte, on voit que tout raisonnement possible se borne à mettre en présence des propositions identiques.

Valeur de l'identité logique. — Quelle peut être la valeur d'une telle opération?

Elle nous est d'abord indispensable pour faire disparaître les contradictions dans lesquelles tombe presque inévitablement notre intelligence.

Nos pensées, étant déterminées à chaque instant par l'état de notre organisme et par l'influence des agents extérieurs, se modifient sans cesse; notre esprit varie continuellement avec les forces dont il est la résultante. Ces changements intérieurs nous sont dissimulés d'ordinaire par la diversité même des choses sur lesquelles nous portons notre attention; car il nous est fort difficile de savoir si la différence de nos idées est exactement proportionnelle à la différence de leurs objets. Mais, lorsque par hasard nous nous trouvons ramenés après un certain temps à des problèmes que nous nous étions posés déjà, nous sommes surpris de voir que nous ne leur donnons plus la même solution. Nous constatons que nous ne pensons plus de même aux mêmes choses. Notre esprit, qui se croyait immuable, est pris en flagrant délit de changement; et, chose plus grave, ce simple changement de pensée, portant sur des idées identiques, se trouve être une véritable contradiction.

C'est dans ce cas qu'il est nécessaire de ramener nos idées, malheureusement opposées l'une à l'autre, à leur unité originelle, et de résoudre le conflit des jugements contradictoires par un jugement d'identité.

Il peut encore se faire que nous entendions énoncer des opinions opposées aux nôtres. Les différences d'un esprit à l'autre sont plus grandes encore que les variations d'un même esprit. Nos croyances se heurtent donc à chaque instant contre d'autres croyances, aussi dogmatiques que les nôtres, aussi absolues. Nous ne pouvons accepter une pareille contradiction. Nous concevons toutes les intelligences comme solidaires les unes des autres ; il nous semble qu'aucune d'elles n'a le droit de se reposer dans sa certitude, tant qu'elle laisse subsister à côté d'elle une seule négation. De là cet intérêt passionné que nous prenons à la discussion de tout problème. De là cet esprit d'intolérance qui nous fait poursuivre dans l'esprit des autres hommes le doute le plus réservé et le plus intime comme une injure faite à notre foi, et par conséquent à la vérité. Les systèmes, les cultes, les partis ne sont poussés les uns contre les autres avec tant de violence que par un commun désir d'apaisement et de conciliation ; car on n'a de haine véritable que pour ceux que l'on voudrait aimer. Il n'est rien de plus âpre que les discordes de famille, de plus farouche que les guerres civiles. C'est que chacun en sent l'indignité et la reproche amèrement à ses adversaires. Peut-être la pensée humaine arriverait-elle plus vite au but si elle était moins impatiente de l'atteindre. Il est sage quelquefois de se désintéresser des controverses du jour : ce n'est pas montrer qu'on les dédaigne ; c'est au contraire attendre avec confiance qu'elles aient produit leur résultat. Pour voir la vérité, il faut regarder dans l'avenir. Elle n'est dans aucune des théories actuelles ; mais toutes la préparent. Il est bon que toutes les idées, bonnes ou mauvaises, aient le temps de se développer : nous ne pourrons apprécier exactement leur valeur que lorsqu'elles auront achevé leur évolution. On n'est jamais plus près de la vérité que dans l'extrême erreur : à l'instant où nos idées deviennent formellement contradictoires, nous prenons conscience de cette contradiction, et nous la faisons disparaître de notre pensée.

Les raisonnements par identité ont encore l'avantage de nous montrer les rapports de nos idées entre elles. Si l'on disait qu'ils nous sont inutiles, parce qu'ils ne nous donnent rien qui ne soit contenu dans les idées que nous concevions tout d'abord, nous n'aurions pas de peine à montrer qu'ils n'en sont pas moins fort instructifs ; car, s'ils n'ajoutent rien à la vérité, ils ajoutent quelque chose à notre pensée, en nous montrant clairement tout ce que nous y avions enfermé à notre insu.

Le danger est plutôt d'exagérer leur valeur. Nous attribuons au raisonnement le pouvoir de créer des vérités. Tandis que l'expérience ne nous donne que des faits contingents, les opérations logiques ne nous conduisent-elles pas à des propositions nécessaires? La simple proposition A = A n'est-elle pas l'expression d'une vérité absolue, obtenue par la seule puissance de la logique?

Sans doute la logique nous fournit des propositions nécessaires. Mais la nécessité a-t-elle plus de valeur que le fait? — Au contraire, elle en dépend. Une chose n'est pas nécessaire en soi, mais par rapport à une autre chose tenue pour absolument vraie. La proposition A = A ne m'autorise à affirmer l'existence de A qu'au cas où elle me serait donnée. La logique ne me fournit donc que des vérités conditionnelles. Elle ne me dit pas : « Telle chose est, » mais : « Si telle chose est, telle chose sera. » Nous avons beau faire raisonnements sur raisonnements : nous ne pourrons rien prouver sans nous appuyer sur une hypothèse; et notre conclusion, bien que nécessaire, ne sera jamais plus vraie que nos prémisses.

La logique ne nous sert qu'à affirmer explicitement ce qui est contenu implicitement dans nos hypothèses. Quant aux hypothèses mêmes, elles ne nous sont pas données par la logique, c'est-à-dire par une démonstration. La logique ne nous procure la nécessité qu'au moyen de l'identité; et une chose ne peut être identique absolument, mais seulement identique à une autre chose, qui elle-même ne peut être logiquement nécessaire : car, d'identité en identité, de démonstration en démonstration, il nous faudra bien remonter à une affirmation gratuite, à laquelle tout notre raisonnement sera suspendu. La logique seule ne peut rien nous faire affirmer de positif.

Application à la géométrie. — Vérifions cette théorie, en l'appliquant à une science qui a été regardée de tout temps comme le triomphe de la logique : à la géométrie.

Les géomètres se sont efforcés de disposer leurs propositions dans un ordre tel qu'elles fussent prouvées les unes par les autres et formassent une espèce de sorite continu. Cette rigueur de raisonnement, cette belle ordonnance dans la suite des théorèmes a inspiré à beaucoup d'hommes une admiration presque superstitieuse. Nous sommes assez disposés à regarder la géométrie comme une chose absolue, immuable, éternelle ; comme un ensemble de vérités indépendantes de notre esprit, qui se seraient peu à peu révélées à nous dans leur ordre nécessaire ; en sorte que les livres écrits par nos géomètres ne feraient que traduire et formuler, incomplètement encore, une géométrie non écrite, une géométrie idéale qui existerait dans le monde intelligible alors même qu'il n'y aurait aucun objet pour la réaliser, ni même aucune intelligence pour la concevoir. Tels sont les sentiments qui s'éveillent en nous, chaque fois que nous nous trouvons en présence d'une chose achevée. Lorsque par exemple nous regardons une statue de formes irréprochables, nous ne pouvons croire que le type en ait été créé par la fantaisie de l'art seuli, nous semble que cette statue ne pouvait avoir d'autres contours, qu'elle devait nécessairement être faite ainsi, et que l'artiste, en la modelant, n'a fait que se conformer exactement au type idéal, au type vrai de la beauté humaine.

Il est pourtant facile de montrer que l'ordre des propositions géométriques n'a rien de nécessaire. Beaucoup de théorèmes, que l'on démontre au moyen de théorèmes antérieurs, pourraient être prouvés directement. Peut-être même y aurait-il intérêt, au moins pour l'enseignement élémentaire et les applications communes, à donner autant que possible aux grandes lois de la géométrie des démonstrations indépendantes. La méthode y perdrait sans doute; mais en fait les intelligences ordinaires n'y gagneraient-elles pas ? Sur tous les enfants qui apprennent la géométrie, il en est bien peu qui comprennent la suite des propositions qu'on leur enseigne, c'est-à-dire qui puissent l'avoir tout entière présente à la mémoire. Alors même qu'ils s'en rendraient un compte exact au moment où ils l'étudient, il est certain qu'ils l'oublieront bien vite; au bout de peu de temps, il ne leur restera plus dans l'esprit que le souvenir de quelques énoncés, dont ils se serviront empiriquement, comme on se sert le plus souvent des opérations arithmétiques, sans en connaître l'explication. Mais ce sont là des considérations utilitaires que les théoriciens auront toujours le droit de dédaigner. Tenons-nous-en donc à la théorie. L'ordre traditionnel dans lequel on expose les éléments de géométrie est bien déterminé en gros, mais non dans le détail. Chaque géomètre le modifie un peu à sa façon. Il ne faut pas se figurer qu'un Pascal, pour arriver à la trente-deuxième proposition d'Euclide, soit obligé de passer par les trente et une propositions précédentes. Alors même qu'un ordre particulier aurait été reconnu le meilleur et exclusivement adopté, il ne s'imposerait aux géomètres que par des raisons de convenance, non par une nécessité géométrique.

Pour que la géométrie fût tout entière nécessaire, il faudrait qu'elle tirât toute sa valeur de la déduction. Or cela est inadmissible. La déduction ne peut être un principe; elle suppose avant elle une chose qui ait été admise sans être prouvée déductivement. Dire que la géométrie est une pure et simple déduction, ce serait dire qu'elle a été tirée de rien, ce qui est absurde. Il faut donc trouver, à son origine, un postulat, ou une définition, qui soit le point de départ des raisonnements déductifs. — Si c'est un postulat, la science qui en dépend ne sera pas exigée, mais seulement proposée. Si c'est une définition, ou ce sera une simple définition de noms, et alors la science qui en dépendra sera arbitraire; ou bien

l'objet en sera déclaré tout au moins possible, et
alors la géométrie sera tout au plus hypothétique ;
ou bien il sera donné comme réel, et alors la géométrie n'aura qu'une valeur de fait. En vain essaye-
rait-on de lui conférer une valeur plus haute, en
parlant de mettre à son début, non des postulats ni
des définitions, mais des axiomes. Un axiome n'est
qu'une proposition incontestée, disons même, si l'on
veut, incontestable. Mais nous ne pouvons accorder
que ce soit une vérité évidente par elle-même, ce qui
n'aurait véritablement aucun sens. Il faut que la
vérité axiomatique tire son évidence soit d'une
intuition immédiate, soit d'expériences répétées,
auxquels cas elle n'aurait encore qu'une valeur de
fait ; ou bien il faut qu'il y ait contradiction à la nier,
et alors ce n'est qu'une proposition identique, dont
il sera difficile de déduire grand'chose.

La géométrie a donc son point de départ dans un
fait ou dans une supposition. Mais est-ce là toute sa
contingence ? A partir de ces données premières,
procède-t-elle par déduction continue ? S'il en était
ainsi, la géométrie ne ferait qu'épuiser le contenu de
ses données premières : science singulière, qui par
ses progrès mêmes irait s'appauvrissant. On croit
volontiers que la dernière proposition d'un livre de
géométrie est contenue dans la première ; de sorte
qu'en définitive la géométrie ne serait que le développement d'une simple définition ou d'une de ces
vérités banales qu'on appelle des axiomes. En défi-

nissant ainsi la participation géométrique, on la conçoit au rebours. Démontrer une proposition B par une proposition antérieure A, ce n'est pas déduire B de A, c'est au contraire faire entrer A dans la démonstration de B . Chaque démonstration est déductive ; mais chaque théorème est une idée nouvelle que l'on ajoute aux idées déjà acquises. Le raisonnement géométrique, pour être absolument explicite, devrait récapituler à chaque affirmation nouvelle toutes les affirmations antérieures; mais, comme ce serait un peu long, il se contente de revenir à celles qui précèdent immédiatement, en sorte qu'il avance en faisant toujours deux pas en avant et un pas en arrière. Chaque proposition affirme la précédente, et quelque chose en plus : une hypothèse, une définition, une construction nouvelle. Ce n'est pas la dernière proposition Z qui est contenue dans la première A; c'est au contraire A qui est contenu dans Z. C'est de Z à A qu'il y a déduction, et non de A à Z. Etant donnée une proposition, aucune nécessité ne me force à concevoir la suivante; au contraire, c'est, étant donnée la seconde, que je dois concevoir la première. En résumé, l'ordre progressif des propositions géométriques est tout à fait contingent; c'est l'ordre rétrograde qui seul est nécessaire.

Nous voyons maintenant quel est, dans la géométrie, le rôle de la logique. Elle nous donne les propriétés des figures et les démonstrations des théorèmes. Etant donnés des triangles, des cercles, des ellipses, etc., il est nécessaire que leurs propriétés soient affirmées ; elles résultent de l'essence de l'objet ; le jugement par lequel on les pose est impliqué dans celui par lequel on pose l'objet même : il y aurait contradiction à admettre l'un et à récuser l'autre. Mais il n'est nullement nécessaire qu'il y ait des triangles, des cercles, des ellipses. La géométrie est une œuvre d'art, un produit de l'imagination et non de la logique. Elle n'est pas déduite, mais inventée.

Influence de la logique sur l'esprit. — La logique ne peut créer de vérité. Je dirai plus : elle ne peut avoir aucune influence sur l'esprit; elle ne peut intervenir dans la formation de nos pensées. Comme d'ordinaire les images que l'on trouve associées dans notre intelligence ont entre elles des rapports logiques assez simples, on pourrait supposer que ces rapports mêmes sont la condition déterminante de l'association. Mais une telle hypothèse doit être abandonnée. La ressemblance ou la différence de deux images n'est pas une raison pour qu'elles apparaissent simultanément dans l'esprit; car ces rapports n'ont évidemment pas par eux-mêmes de force efficace. Ils ne peuvent avoir d'action sur l'esprit qu'à la condition d'être conçus, et ne peuvent être conçus que si les deux images sont déjà données. Il faut donc chercher les causes de l'association en dehors de la logique. Tandis que le logicien voit dans la pensée une suite d'idées qui se combinent, se pénètrent, se traversent en tous sens, se groupent entre elles suivant les lois du raisonnement, le psychologue ne peut y voir qu'une série d'images concrètes, opaques, impénétrables, qui s'agrègent et se désagrègent à la façon des molécules matérielles et par des lois purement mécaniques. Quand l'association a disposé nos pensées en forme de raisonnement, nous saisissons leur rapport dans une intuition immédiate; nous prenons conscience de leur identité : c'est le moment logique. Mais, si la logique nous fait comprendre le raisonnement, ce n'est pas elle qui le construit, qui en dispose les matériaux dans l'ordre voulu.

Comment nous expliquer cependant, si les lois de la logique ne régissent pas notre pensée, que notre pensée soit en conformité avec elles? Comment l'association, force mécanique, aveugle, déraisonnable, dispose-t-elle nos idées dans un ordre si rationnel, qu'on serait tenté de prendre son automatisme pour de l'intelligence?

Le fait signalé est incontestable. Notre imagination et notre raison sont, il est vrai, quelquefois en désaccord, ce qui prouve leur indépendance réelle; mais elles sont aussi trop souvent en harmonie pour que nous puissions attribuer ces coïncidences au simple hasard.

Si la raison ne régit pas l'imagination, ne pourrait-on pas dire qu'elle est dans une certaine mesure

régie par elle? De quelque côté que viennent les
concessions, le résultat sera identique, et nous nous
expliquerons aussi bien l'accord indéniable des deux
facultés.

Il ne faut pas se figurer que notre esprit distingue
ses idées de la réalité et s'inquiète de savoir si leurs
associations internes correspondent aux rapports des
objets extérieurs. Il n'a pas conscience d'un intermédiaire entre lui et les choses; il croit saisir immédiatement la réalité. Ce qu'il appelle l'objet, c'est
l'idée qu'il en a. Plus tard peut-être, quand il re-
viendra par la mémoire sur ses pensées antérieures,
auxquelles il est devenu indifférent, il pourra les
juger avec impartialité et dire qu'elles ne s'accor-
daient pas avec la vérité; mais alors il appellera vérité son idée présente, à laquelle il accordera une valeur absolue. La pensée actuelle peut démentir la pensée antérieure, mais ne peut se démentir elle-même.

Nous pensons continuellement et sommes toujours convaincus de la vérité de ce que nous pensons. L'évidence n'est pas un phénomène intermit-
tent, qui apparaîtrait de temps à autre dans la
conscience : elle accompagne tous les mouvements
de notre esprit; elle est notre conscience, elle est
notre pensée même. Nous pouvons déclarer que nous
ne nous décidons pas encore à juger; mais, en le
disant, nous jugeons : la phrase que nous prononçons
signifie seulement que nous regardons notre jugement comme provisoire. Ce qu'on appelle suspendre

son affirmation, c'est continuer de penser jusqu'à ce qu'on se soit arrêté à une affirmation définitive.

Notre esprit va d'évidence en évidence, regardant toujours sa dernière assertion comme la vérité absolue. Le moment de l'affirmation est une valeur constante. Toutes les combinaisons que forment nos pensées ont pour nous, à l'instant où elles se produisent, une égale importance. Elles diffèrent seulement par leur durée.

Le doute est une combinaison d'idées instable; la certitude, une combinaison stable. Affirmer la vérité d'une chose, c'est croire qu'on y croira toujours. Souvent, il est vrai, cette croyance nous trompe : au moment où il nous faudrait agir d'après les principes que nous avons déclarés certains, nous nous prenons à en douter. C'est que nos idées n'avaient pas été assez solidement unies; et la même loi qui les avait rapprochées l'une de l'autre les sépare maintenant. Le nombre est restreint de ces vérités éprouvées, que nous pouvons affirmer aujourd'hui sans craindre d'avoir à les nier demain. De là des velléités de scepticisme, qui d'ailleurs n'auront jamais aucun résultat; car, à l'instant où l'esprit perdrait la confiance qu'il a en lui-même, il cesserait d'agir et n'aurait plus la force de douter. On ne peut détruire la pensée que par la pensée, la foi que par la foi. Le sceptique qui rejette l'une après l'autre ses croyances antérieures et qui conteste la véracité de sa propre raison ne s'aperçoit pas que, tout en formant ces pensées, il les croit justes, et qu'il est aussi naïvement affirmatif dans son doute que les autres hommes dans leur conviction.

Cette croyance continue, inaltérable, irrésistible que nous avons dans la valeur de notre pensée, n'explique-t-elle pas jusqu'à un certain point la conformité de notre imagination avec notre raison? Puisque nous croyons vraies chacune des choses que nous concevons à l'instant où nous les concevons, ne devons-nous pas être portés à regarder comme des vérités plus solides que les autres, comme des principes rationnels les idées que nous sommes le plus habitués à concevoir? Notre raison n'est que l'ensemble de nos convictions; et nos convictions naissent bien souvent de la seule coutume. Le menteur finit par croire aux anecdotes qu'il invente; à plus forte raison devons-nous accepter comme de pures vérités les opinions que nous avons entendues fréquemment émettre avec toutes les apparences de la sincérité et auxquelles nous avons nous-mêmes conformé longtemps notre conduite. Le temps rend nos croyances plus solides, plus obstinées; il les fait passer peu à peu au rang d'axiomes. Ainsi, nous n'avons pas trop à nous étonner que notre imagination soit si souvent d'accord avec la raison moyenne, que nous appelons le sens commun, et notre raison personnelle, que nous appelons le bon sens. Si la loi de l'association nous fournit tant d'idées raisonnables, c'est en partie parce que nous avons une tendance à juger raisonnables celles qu'elle nous présente le plus souvent.

Nous pouvons en outre, par une sorte de sélection artificielle, perfectionner réellement notre pensée et la rendre de plus en plus logique. De toutes les idées qui se présentent à notre esprit, nous remarquons seulement celles qui ont quelque valeur et peuvent être utilisées dans le raisonnement. Pour une idée juste et raisonnable qui s'offre à nous, que de conceptions frivoles, bizarres, absurdes, traversent notre intelligence! Ceux qui, considérant les résultats merveilleux auxquels est arrivée la science, s'imaginent que l'esprit humain n'a pu les obtenir par simple tâtonnement, ne réfléchissent pas au grand nombre de savants qui s'appliquent en même temps aux mêmes recherches, et au temps que leur coûte la moindre découverte. Le génie même a besoin de patience. C'est après des heures, après des années de méditation que l'idée cherchée se présente enfin à l'inventeur. Il n'arrive pas à son but sans s'être égaré bien des fois; et, s'il croit lui-même y être parvenu sans effort, c'est que le bonheur d'avoir réussi lui fait oublier toutes les fatigues, toutes les déceptions, toutes les angoisses dont il a payé son succès.

Ce choix que nous faisons entre toutes les idées qui naissent spontanément dans notre intelligence n'a pas seulement l'avantage de nous faire profiter de toutes les rencontres heureuses : il développe

notre intelligence même et multiplie les chances
de réussite. L'attention que nous prêtons aux idées
amenées en nous par des associations logiques augmente la force des associations de ce genre. Au lieu
de nous abandonner à notre fantaisie, nous prenons
l'habitude de raisonner; et les lois de la logique, qui
ne peuvent régir par elles-mêmes notre pensée, finissent pourtant par s'y trouver appliquées, grâce à ce
travail constant de sélection.

Ce que nous venons de dire de la science s'appli-
querait aussi bien à l'art. La critique est à l'artiste
ce que la logique est au savant. Par elle-même, elle
est stérile; mais, en signalant les défauts des œuvres
qui lui sont proposées, elle réprime les écarts de
l'esprit, elle fait disparaître peu à peu les idées de
mauvais goût et assure la survivance aux œuvres
qui en sont dignes. Ainsi l'imagination de l'artiste
devient plus pure et plus féconde à la fois. Nous
voyons que la critique, comme la logique, a une
valeur positive; mais ici encore nous devons comprendre que cette valeur est assez restreinte. Les
lois de l'esthétique ont ce caractère étrange, que
nous les connaissons moins par elles-mêmes que par
leurs exceptions. Si nous savons à peu près dans
quel cas on les enfreint, nous n'en serions pas moins
embarrassés pour en donner la formule. L'idéal n'est
pas un but visible vers lequel nous puissions nous
diriger sûrement. Nous le cherchons à tâtons, en
aveugles; et la voix de la critique, qui nous avertit

lorsque nous nous en écartons trop, ne nous dit pas
où il est. De sorte que, dans l'art comme dans la
science, le véritable principe de l'invention est toujours le hasard.

III. — LE PRINCIPE DE L'INVENTION EST LE HASARD.

La théorie à laquelle nous venons d'arriver semble
condamner d'avance les recherches que nous voulons entreprendre sur les conditions déterminantes
de l'invention, car l'idée de hasard paraît absolument
inconciliable avec celle de déterminisme. Nous
allons pourtant essayer de faire voir qu'il n'y a
entre ces deux idées qu'une différence de point de
vue, et que le même phénomène, qui paraît indéterminé en un sens, est déterminé dans l'autre.
Nous garderons au mot de hasard sa signification
ordinaire; nous chercherons quels sont les phénomènes que l'on déclare communément fortuits; et
nous montrerons qu'ils ne font nullement exception
à la loi du déterminisme.

Il n'y a pas de hasard hors de nous. — Le déterminisme se présente à nous sous deux formes :
celle de la causalité et celle de la finalité. Nous
nous proposons de montrer que le hasard n'est ni
dans l'une ni dans l'autre, mais dans leur conflit.

Plaçons-nous d'abord au point de vue physique.

Les phénomènes de la nature sont tous déterminés par une cause. Nous ne pouvons croire qu'un seul événement se produise, qui n'ait pas dans quelque événement antérieur sa condition nécessaire et suffisante. Dans une série simple de phénomènes, il n'y a aucune place pour le hasard ; chaque terme de la série est déterminé par rapport à celui qui le précède, déterminant par rapport à celui qui le suit ; de sorte que, d'un bout à l'autre de la série, une nécessité rigoureuse règle la nature, le nombre et l'ordre des termes composants.

Lorsqu'un phénomène est soumis à plusieurs conditions à la fois, son déterminisme n'est plus aussi apparent. Quand nous voyons une feuille entraînée au courant d'un ruisseau, nous reconnaissons très distinctement l'influence de la force constante qui la sollicite ; il en serait encore de même si nous la voyions rouler à terre, chassée par un vent régulier. Mais si nous la voyons flotter à la surface de l'eau, poussée à la fois par le courant et par la brise, par un courant irrégulier et par une brise intermittente, ses mouvements nous sembleront moins rigoureusement déterminés : tantôt elle remontera le courant, poussée par un souffle d'air ; tantôt elle le descendra, entraînée par un remous ; et nous pourrons nous figurer, pour peu que notre imagination se prête à cette illusion, qu'elle se meut plutôt au gré de son caprice que sous l'influence d'une force extérieure. — Il suffit qu'il se présente une très

légère irrégularité dans les conditions d'un phénomène pour que le phénomène lui-même semble
absolument irrégulier. Soient par exemple deux
horloges placées dans une même chambre. Le tic-
tac de chacune d'elles revient à temps égaux ; mais,
comme elles ne sont pas rigoureusement d'accord,
elles font entendre une série de bruits tantôt
rapprochés, tantôt éloignés, dont il nous est fort
difficile de saisir la loi. Ainsi, bien que chacune
des deux séries composantes soit déterminée de son
côté par une loi très simple, il suffit que le rapport
de ces deux lois soit assez complexe, pour que la
série composée ne semble déterminée par aucune
loi. Encore avons-nous pris, pour la commodité de
l'analyse, des exemples exceptionnellement simples ;
mais, si nous considérions la causalité naturelle dans
sa complexité normale, nous verrions que chaque
phénomène est produit en réalité par la rencontre
d'une infinité de séries, ayant entre elles des rapports infiniment complexes. D'où l'apparence d'une
indétermination absolue.

Pouvons-nous croire cependant que ces phénomènes soient réellement fortuits ? La rencontre de
deux ou plusieurs séries indépendantes peut-elle
constituer un véritable hasard ? Une pareille hypothèse n'irait à rien moins qu'à rejeter absolument le
déterminisme et à mettre toute la nature à la merci
du hasard ; car il est tout à fait exceptionnel, comme
nous venons de le voir, que les événements se déve-

loppent en série linéaire : il n'en est pour ainsi dire pas qui ne soit produit par ces rencontres que l'on veut qualifier de fortuites.

Nous pouvons accorder que ces phénomènes ne sont soumis à aucune loi, si l'on entend seulement par là qu'il est impossible de les faire entrer dans une formule suffisamment concise. On dit en effet qu'on a trouvé la loi d'un certain nombre de phénomènes, quand on a trouvé entre eux un rapport net, simple et facilement intelligible. Plus la raison trouvée devient complexe, moins elle nous semble propre à expliquer les faits recueillis, jusqu'à ce qu'enfin elle ne soit guère moins compliquée que le tableau même de ces faits : alors elle perd complètement à nos yeux son caractère de loi. Il est un très grand nombre de phénomènes dont nous n'avons pas encore trouvé la loi ; et même on pourrait dire que nous n'avons véritablement trouvé la loi d'aucun phéno-mène réel : car nos formules ne s'appliquent en toute rigueur aux faits de la nature que lorsque nous les avons dépouillés par abstraction de la plupart de leurs conditions intégrantes et réduits à une simpli-cité toute théorique. Mais, si les faits trop complexes n'ont pas de *loi*, ils n'en ont pas moins une *cause*. S'ils ne sont pas déterminables pour nous, ils n'en sont pas moins déterminés en eux-mêmes.

Deux séries de phénomènes, qui nous semblaient indépendantes , se rencontrent et produisent par leur collision un phénomène inattendu. Cette ren-

contre nous surprend, parce que nous n'avions pas
assez bien calculé d'avance la marche de ces deux
séries pour voir qu'elles devaient devenir conver-
gentes à un moment donné. Mais, puisque chacune
de ces séries, prise à part, est déterminée, il est impossible que leur rencontre ne le soit pas. Si l'on
déclarait fortuit le fait résultant, il faudrait dire
qu'un phénomène est déterminé quand il a une
cause, et fortuit quand il en a deux : hypothèse trop
bizarre pour être sérieusement soutenue.

Si d'ailleurs on voulait examiner d'un peu près
ces séries que l'on dit indépendantes, on trouverait
que leur indépendance n'est rien moins que certaine.
En remontant assez haut dans leur passé, on trouverait certainement entre elles une connexion : car
il est impossible de croire que deux séries se soient
développées simultanément depuis l'origine des
temps sans jamais s'être rencontrées ni s'être trouvées soumises à l'influence d'une cause commune.
On se demande parfois, par jeu d'esprit, ce qui serait
arrivé si tel évènement historique n'avait pas eu
lieu ; et l'on voit aussitôt qu'il en serait résulté un
changement total dans la marche des événements
ultérieurs. Les conséquences de chaque fait, social
ou physique, vont en se développant sans cesse et
finissent par avoir un retentissement, si faible qu'il
soit, dans notre globe entier. — Une hirondelle
fouette la surface d'un lac du bout de son aile. Nous
voyons se former sur l'eau une ride légère, qui

s'étend peu à peu en s'affaiblissant. Bientôt nous ne
la distinguons plus qu'à peine. Il semble que la voilà
définitivement disparue. Mais en réalité elle subsiste
encore ; si notre œil était plus perçant, nous la verrions s'avancer toujours, bercée par les vagues
qu'elle rencontre, jusqu'à ce qu'enfin elle touche
les bords du lac et revienne sur elle-même. Ainsi un
phénomène, restreint au début à une portion infinitésimale du temps et de l'espace, s'étend de proche
en proche, et se propage si bien qu'on ne sait plus
où pourra cesser son action. — Je me demande si je
dois me rendre ou non à une soirée. Si je m'y rends,
les rencontres que j'y ferai, la conversation que j'y
tiendrai auront certainement sur ma vie et sur la vie
des autres une influence, bien faible si l'on veut,
mais réelle et durable. Si mon esprit avait assez de
force pour suivre toutes les conséquences de la résolution que je vais prendre, je verrais que je vais
décider en ce moment de tout mon avenir. — Si
l'on comprenait bien toute la portée d'une parole
que l'on prononce, d'une page que l'on écrit, d'un
livre que l'on publie, on serait écrasé par le sentiment de sa responsabilité. Qui sait jusqu'où peut
aller l'influence des petites causes, lorsqu'elles ont
devant elles un temps indéfini pour accumuler leurs
effets? On pourrait croire que leur action, s'étendant
à l'infini, deviendra à la longue infinitésimale ; mais
ce serait une erreur : car, dans la marche de la causalité, il y a pour ainsi dire des relais, où elle reprend

de nouvelles forces. En frappant la terre du pied, je puis déterminer une avalanche, qui entraînera à sa suite tout un pan de montagne : c'est que la chute était imminente, et que la plus légère impulsion a suffi pour la rendre nécessaire. De même dans l'ordre social. Il est des événements qui sont pour ainsi dire dans un état d'équilibre instable et que la moindre cause entraînera dans un sens ou dans l'autre avec une force toujours croissante. Il suffit d'une idée qui passe par la tête d'un homme d'Etat, d'un peu de sang qui lui monte au cerveau, pour déterminer l'écroulement d'un empire et un changement total dans les Etats voisins. — Ainsi donc, chacun des événements qui s'accomplissent en ce moment établit une correspondance secrète entre les événements futurs, qui dans quelque temps d'ici paraîtront absolument indépendants. Mais, si maintenant nous remontions la série que nous venons de descendre, nous verrions de même que les séries qui nous semblent actuellement indépendantes ont été déterminées, il y a quelques siècles peut-être, par une cause commune. — Dans le déterminisme physique, les séries de faits ne semblent indépendantes que si on les considère à un moment arbitrairement choisi de la durée. En descendant ou en remontant un peu leur cours, on arriverait toujours à trouver entre elles un moment de coïncidence.

Il n'y a pas de hasard en nous. — Plaçons-nous maintenant au point de vue intérieur, et cherchons s'il peut y avoir rien de fortuit dans le développement de notre activité.

Tandis que les phénomènes de la nature sont produits par des causes, les actes des êtres intelligents sont déterminés par des fins. Le mécanisme de la finalité est une chose assez compliquée. Dans un acte intentionnel, on peut distinguer deux périodes, l'une de préparation, l'autre d'exécution. Dans la première période, je commence par concevoir l'acte que je veux exécuter en dernier lieu, puis celui qui devra le précéder immédiatement, et ainsi de suite jusqu'à celui par lequel devra débuter toute la série. Dans la seconde période, j'accomplis d'abord cet acte initial, puis le suivant, et ainsi de suite jusqu'à l'acte final. Je commence donc par concevoir à rebours la série qui se développera ensuite dans l'ordre naturel de la causalité. Mais cette régression est tout idéale; car, alors même que ma pensée croit remonter le cours du temps, elle le descend en réalité, en sorte que, pour un observateur qui me regarderait agir du dehors, je semblerais obéir aux lois du déterminisme ordinaire. La finalité est tout intérieure; la conscience seule peut nous en donner la notion; sitôt qu'elle se manifeste par des actes réels, elle reprend l'apparence de la causalité physique.

Ce déterminisme interne est-il aussi rigoureux que le précédent? La loi qui préside au choix des moyens destinés à réaliser une fin donnée et au choix

des fins elles-mêmes est-elle, comme on est disposé
à le croire, une loi de simple convenance, ou bien
est-elle une loi de nécessité?

Si la fin à laquelle je tends ne peut être réalisée
que par un seul moyen ou par une seule série de
moyens, il est clair que la marche que je dois suivre
pour arriver à mon but est rigoureusement déterminée. Il s'agit seulement de trouver quels sont les
actes qui auront pour conséquence la fin proposée.
C'est un problème qui n'admet, d'après notre hypothèse même, qu'une seule solution, et qui par conséquent doit nous conduire à un résultat précis.

Mais les choses ne sont pas d'ordinaire aussi simples. Il arrive fréquemment que, pour arriver à une
fin donnée, nous hésitons entre plusieurs moyens,
dont il nous est difficile d'évaluer exactement l'efficacité. Dans ce cas, nous nous demandons lequel
est le plus convenable, c'est-à-dire quel est celui
qui nous offre le plus de chances de réussite. Mais,
si le problème est plus difficile à résoudre, la solution
n'en est pas moins déterminée en elle-même. Entre
tous ces moyens qui nous paraissaient d'abord
presque équivalents, dès que nous avons trouvé le
plus efficace, ou, ce qui revient au même à notre
point de vue, dès que nous croyons l'avoir trouvé,
notre raison exige que nous adoptions celui-là.

Enfin il peut se faire que, dans le choix que nous
faisons entre des moyens de valeur à peu près égale,
nous soyons guidés par des considérations étran-

gères. Nous pouvons par exemple, entre plusieurs
chemins qui conduisent au même but, choisir le
plus agréable de préférence au plus court. Nous
pouvons renoncer à un plan dont le succès n'est pas
douteux pour des raisons de moralité, et adopter une
ligne de conduite moins sûre, mais plus honorable.
Il semble, dans les cas de ce genre, que la fin proposée ne détermine pas rigoureusement les moyens
à employer, et que nous ne sommes plus guidés dans
notre choix que par de simples raisons de convenance. Mais le problème à résoudre ne paraît indéterminé que parce que ses conditions sont très
complexes. Si nous considérons, dans les moyens
qui se présentent à notre esprit, autre chose que
leur efficacité, c'est qu'en réalité nous ne poursuivons
pas une fin unique, mais plusieurs fins à la fois. Nous
voulons, par exemple, ménager nos intérêts et en
même temps sauvegarder notre honneur; ou bien
nous voulons unir l'utile à l'agréable, en sorte que
nous cherchons des moyens à double ou triple fin.
Dans de pareilles conditions, nous devons tenir
compte à la fois de l'efficacité des moyens et de la
valeur des fins, de façon à adopter la ligne de conduite qui, somme toute, mettra le plus de chances
de notre côté. La proportion est difficile à établir;
mais en elle-même elle est parfaitement déterminée.
Étant données plusieurs fins à atteindre, il s'agit de
trouver un moyen qui les concilie toutes ou celui
qui les conciliera le mieux, et le problème com-

porte, ici encore, une solution nettement définie.

Reste à savoir comment nous sommes amenés à nous imposer à nous-mêmes comme fin un acte particulier.

Pour que nous nous décidions à agir d'une manière plutôt que d'une autre, il faut que nous puissions trouver quelque motif qui détermine suffisamment notre choix. Les motifs sont des idées, mais des idées qui ont une valeur particulière, puisqu'elles nous déterminent à l'action. Nous ne pourrons donc les définir exactement, qu'en indiquant le rapport spécial qui les unit à la fin qu'elles nous font choisir.

Un ouvrier taille des pierres pour gagner de l'argent; un écrivain écrit un livre pour acquérir de la réputation; un soldat risque sa vie pour faire son devoir. Nous voyons, par ces différents exemples, que les motifs qui nous déterminent à une action donnée ne sont autre chose que les résultats que nous espérons en retirer, et qui nous semblent assez désirables par eux-mêmes pour justifier la peine qu'ils nous demanderont. Ainsi, lorsque j'ai un motif pour m'imposer une fin, je ne vois plus dans cette fin qu'un moyen destiné à réaliser une fin plus haute; en sorte que les motifs d'une action peuvent être définis les fins supérieures auxquelles nous la subordonnons. L'analyse que nous avons faite précédemment du choix des moyens s'applique exactement au choix des fins. Les motifs qui nous déterminent à adopter une fin donnée peuvent être simples ou multiples. Dans le premier cas, il n'y a aucune hésitation possible sur la conduite à tenir; dans le second, le problème que nous avons à résoudre est moins facilement déterminable, parce qu'il nous oblige à tenir compte à la fois de la valeur des fins poursuivies et des chances que nous avons de les atteindre; mais en lui-même il n'en est pas moins absolument déterminé. Dans tous les cas, la raison exige que nous nous rendions au motif le plus valable, c'est-à-dire que nous adoptions le plan le plus avantageux.

On nous demandera quelle place ce déterminisme psychologique laisse à notre liberté et à notre volonté, dont la réalité est pourtant affirmée par la conscience et réclamée par la morale. Nous répondrons que les idées de liberté et de volonté, telles que le déterminisme nous permet de les admettre, suffisent amplement aux exigences de la morale et répondent exactement aux assertions de la conscience, et que, si l'on a donné de ces idées une définition inconciliable avec le déterminisme, c'est à cette définition qu'il faut renoncer, sans hésitation et sans regret.

Dans quels cas en effet nous croyons-nous libres? Dans quels cas dit-on que nous le sommes? C'est lorsque nous agissons par nous-mêmes et avec une parfaite conscience de ce que nous faisons. On dit qu'un homme n'a pas été libre lorsqu'il a été déterminé dans son action par une force physique étrangère, ou encore lorsque, par précipitation, par ignorance, par faiblesse d'esprit, par passion, il a été incapable de réfléchir suffisamment aux conséquences de ce qu'il allait faire. Au contraire, on le déclare pleinement libre et responsable de ses actes lorsqu'il ne s'est déterminé que sous l'influence d'idées nettement préconçues. Ainsi donc, la liberté, à laquelle nous croyons et devons croire dans la pratique, n'est que l'activité réfléchie, c'est-à-dire l'activité déterminée par des motifs.

Mais ne pouvons-nous pas agir sans motifs? Le fait n'est pas niable; il est même très fréquent. A chaque instant, il arrive que nous n'avons pas le temps de réfléchir aux actions que nous accomplissons, ou que nous les jugeons trop insignifiantes pour leur accorder la moindre attention, ou que nous ne pouvons établir aucune différence entre les divers motifs qui se présentent à notre esprit. Dans les cas de ce genre, notre action n'est plus motivée; mais alors, et par cela même, elle n'est plus libre. N'agissant plus d'après une fin, nous agissons en vertu de quelque cause physique ou physiologique; et, si par impossible ces causes extérieures se trouvaient disposées de manière à se neutraliser exactement et à nous laisser en état d'équilibre, nous n'agirions plus du tout. La liberté d'indifférence serait le pouvoir d'agir sans cause ni motif. En fait, nous n'avons pas ce pouvoir; à supposer que nous l'eussions, il n'aurait aucune valeur pratique ni morale; et enfin, que nous le possédions ou que nous ne le possédions pas, il ne répond en aucune manière à l'idée que nous nous faisons de la liberté.

Au reste, cette liberté d'indifférence n'a jamais été qu'un paradoxe philosophique. Une opinion beaucoup plus répandue, et que par conséquent il est plus nécessaire de contrôler, est celle d'après laquelle nous nous servirions des motifs, mais sans nous laisser déterminer complètement par eux. On appuie cette opinion sur les remarques suivantes : les motifs sont nôtres; ils n'ont pas de force par eux-mêmes; ils inclinent et ne nécessitent pas; enfin nous sommes libres de choisir entre eux. — *Les motifs sont nôtres.* Qu'en pouvons-nous conclure? Que le déterminisme auquel nous obéissons est tout interne, que notre activité n'est pas déterminée par la nature extérieure, mais par notre nature propre; que nous sommes indépendants des causes physiques, mais conduits par des fins morales. Cela est fort important à constater; mais on ne peut s'autoriser de cette remarque pour nous accorder un libre arbitre absolu. Au contraire, cela prouve que le déterminisme pénètre au sein même de notre activité et en dirige les plus secrets mouvements. — *Les motifs n'ont pas de force par eux-mêmes.* Si cela signifie qu'ils ne se chargent pas eux-mêmes d'exécuter la fin qu'ils nous proposent, et que l'idée, une fois conçue, resterait stérile si elle n'était pas mise en œuvre par notre volonté, la chose est incontestable; mais il n'en reste pas moins acquis que cette force d'exécution, qui est en nous, a été mise en branle et dirigée dans son action par le motif. Si l'on veut dire qu'il n'y a pas de motif qui soit par lui-même plus fort que les autres, en sorte que le motif le plus fort est tout simplement celui qu'il nous a plu de déclarer tel, alors on enlève aux motifs toute valeur, et autant vaudrait ne pas s'en servir. A quoi bon délibérer, si les idées que nous consultons doivent nous laisser parfaitement indifférents? Bien plus, si ces idées sont ce que nous voulons qu'elles soient? Nous consentons à soumettre notre volonté aux idées; mais voici que les idées sont soumises à notre volonté : de sorte que cette prétendue délibération est absolument dérisoire. — *Les motifs inclinent et ne nécessitent pas.* Si j'entends bien cette distinction, elle signifie que les idées, conçues par nous au cours de notre délibération, ont sur notre résolution définitive une influence réelle, mais insuffisante pour nous déterminer complètement. Mais, s'il en était ainsi, d'où viendrait le surcroît de détermination qui est pourtant nécessaire pour que l'action commence? Ce ne pourrait être que d'une volonté absolument indépendante des motifs; et ainsi nous retomberions dans la liberté d'indifférence. Il ne faut pas ici de faux-fuyants. Qu'on ne dise pas que nos actes sont à peu près déterminés par les motifs : car alors il y aurait en eux quelque chose d'absolument déterminé et quelque chose d'absolument indéterminé. Qu'on ne dise pas non plus qu'ils sont déterminés, mais par notre libre vouloir; car alors c'est de notre vouloir même que nous demanderions s'il est déterminé ou non. — Enfin, dit-on, *nous sommes libres de choisir entre les motifs*. Même question toujours. Le choix est-il lui-même indéterminé? S'il est motivé, nous ne sortons pas du déterminisme; s'il est arbitraire, nous retombons dans la liberté d'indifférence. Et il n'y a pas de moyen terme possible : car, si l'on disait que le choix est à peu près déterminé, je demanderais s'il est libre dans la mesure exacte où il est motivé, ou dans la mesure exacte où il est arbitraire : de sorte qu'il faudrait encore choisir entre la liberté d'indifférence et le déterminisme.

Il résulte de tout ceci que la liberté n'est nullement un élément perturbateur, mais qu'au contraire c'est elle qui introduit dans nos actes la régularité la plus grande, en leur donnant l'unité de la fin. Si les résolutions des êtres libres échappent dans une certaine mesure aux prévisions, ce n'est pas parce qu'elles sont trop libres, mais parce qu'elles ne le sont pas suffisamment. Si nous ne pouvons porter, sur les actes futurs des autres hommes et sur nos propres actions, que des jugements de simple probabilité, c'est que les conditions du problème à résoudre sont trop complexes et que nous ne savons pas dans quelle mesure ces actions seront libres, dans quelle mesure elles seront dérangées par l'action des causes extérieures. Mais ces deux éléments sont très régulièrement déterminés chacun de leur côté. Les lois logiques auxquelles obéit la volonté libre sont aussi nécessaires que les lois mécaniques auxquelles obéissent les forces de la nature, d'où il suit que la résultante commune de ces deux lois est elle-même parfaitement déterminée.

Il faut avouer, il est vrai, que le sens commun, avec lequel nous étions d'accord quand nous rejetions la liberté d'indifférence, repousse avec non moins d'énergie toute théorie fataliste. J'ai très nettement conscience de la liberté de mes décisions et de l'efficacité de ma volonté. Mais, si l'action que je vais accomplir tout à l'heure est dès à présent déterminée, s'il est impossible que je ne l'accomplisse pas, à quoi bon délibérer? A quoi bon vouloir? Je n'ai qu'à m'abandonner, sans résistance inutile, au courant qui m'entraîne, et à laisser faire le déterminisme : ce qui doit arriver arrivera au moment marqué. Pour que ma liberté ne fût pas illusoire, il faudrait que rien ne fût décidé encore sur mon acte futur, et qu'au moment présent il fût encore absolument indéterminé.

Remarquons toutefois que la liberté à laquelle croit le sens commun serait aussi peu sauvegardée, au cas où les événements futurs seraient tout à fait fortuits. Ma conscience se révolterait également, s'il me fallait croire que mon action future dépend tout entière du hasard, et qu'il m'est impossible de savoir exactement ce que je vais faire dans un instant. Dans cette hypothèse, le pouvoir que je crois posséder m'échapperait également.

On voit donc que le sens commun se place, pour expliquer les actions libres, dans un juste milieu entre la théorie du fatalisme et la théorie de l'indétermination.

Nous nous y plaçons avec lui. Nous croyons que les partisans de ces deux théories sont victimes d'un malentendu et qu'ils ne se placent pas, pour étudier notre activité, à un même point de vue. Les uns disent que la volonté est déterminée; les autres, qu'elle est déterminante. — Tous deux ont raison; car elle est déterminée par rapport aux actes qui la précèdent, déterminante par rapport à ceux qui la suivent. — Et en même temps tous deux ont tort, par cela même qu'ils se placent à un point de vue exclusif. Les partisans du fatalisme se trompent en disant que les événements futurs sont absolument déterminés en eux-mêmes, car ils ne voient pas que ces événements dépendent de notre volonté; et les partisans du libre arbitre se trompent en disant que mes actions futures sont absolument indéterminées, car elles ne sont indépendantes que de la causalité physique.

Le déterminisme accepte ce qu'il y a de vrai dans l'une et dans l'autre théorie. Il admet, avec l'une, que la volonté est un effet; avec l'autre, qu'elle est une cause. Il les concilie donc parfaitement.

On n'a jamais fait au déterminisme que des objections pratiques. Et pourtant il n'apporterait dans la

vie humaine aucun changement. Si l'on acceptait
cette théorie, tout se trouverait transposé sur un
autre mode; mais, dans la pratique, c'est-à-dire dans
nos rapports particuliers avec le monde, il n'y aurait
rien de changé. Ce qui rend le fatalisme vulgaire
insoutenable, c'est qu'il pose *à priori* la nécessité de
certains événements, déclarant qu'ils arriveront,
quoique nous fassions. Cette théorie est souve-
rainement illogique, car elle prétend que l'effet est
nécessaire indépendamment de sa cause. Le déterminisme absolu, au contraire, affirme que ce que
nous faisons aura sa conséquence nécessaire; il res-
pecte le sentiment que nous avons de notre propre
énergie; il admet que nous sommes un instant les
représentants de la loi, les agents de la causalité. Il
ne met pas la liberté aux prises avec un hasard
capricieux; il ne lui retire rien de sa valeur : mais
il la fait entrer tout entière, avec toutes ses conséquences, avec le mérite et le démérite, avec le
remords et la satisfaction morale, avec le crime et la
vertu, dans la grande loi de l'ordre universel. Que
parle-t-on maintenant des conséquences pratiques
du déterminisme? Il n'en pourrait avoir que s'il
n'était pas vrai; et les déterministes qui modifient
leur conduite sous prétexte de l'accorder avec leur
croyance montrent qu'ils ne croient pas véritablement au déterminisme.

Mais cette théorie enfin, qui nous force à l'accepter? Quels sont ses titres pour s'imposer à notre

intelligence? Faut-il y voir un principe de la raison?
A-t-elle été démontrée par l'expérience? — Ici, nous
devons faire humblement cet aveu, que, dans l'état
actuel de notre connaissance, le déterminsme est
encore un simple postulat. La raison nous le propose
comme la plus simple et la plus féconde des hypothèses, mais ne nous contraint pas de l'admettre,
car elle ne se croit pas infaillible et n'est pas toute-
puissante sur nous. La science s'appuie sur ce
principe, mais elle ne peut le démontrer rigoureusement, car il dépasse les limites de notre expérience
actuelle et même de toute expérience possible : elle
ne peut que nous encourager à l'adopter, en nous
montrant les résultats acquis par son emploi. Nous
sommes donc encore libres de ne pas admettre le
déterminisme. Mais je crois que, ayant pour lui la
raison et la science, il s'imposera peu à peu à tous
les esprits, et que tôt ou tard on finira par ne plus y
voir un postulat, mais un axiome.

*Le hasard est le conflit de la causalité externe
et de la finalité interne.* — Dans une théorie qui
prend pour postulat le déterminisme universel, que
devient le hasard? Nous l'avons exclu également des
séries de causalité et des séries de finalité. Nous ne
pouvons donc le chercher que dans la rencontre de
ces deux séries.

Un navire vient se heurter la nuit contre une
épave et s'y brise . On attribue cet accident au

hasard. Cela veut-il dire que la rencontre n'a pas
été déterminée? Nullement. L'épave s'avançait lentement sur la mer, poussée par le vent et par les
courants; le navire de son côté, dirigé par son capitaine, allait dans une direction fixée d'avance. Etant
donnés le mouvement imprimé à l'épave et l'itinéraire
choisi par le capitaine, la rencontre était inévitable.
Dès l'instant où le navire quittait le port, sa perte
était décidée; et un observateur qui aurait suivi des
yeux sur la mer la marche de ces deux corps flot-
tants, comme nous regardons deux insectes qui che-
minent sur un globe terrestre, aurait pu désigner
d'avance le point où ils devaient se rencontrer. Mais,
au point de vue du capitaine, qui ne pouvait soup-
çonner la proximité de l'obstacle, la collision a été
absolument fortuite. — Par l'analyse de cet exemple,
on voit que le hasard n'est autre chose que le conflit
des causes étrangères avec les fins que nous nous
proposons, et l'on peut se convaincre en même temps
que le hasard est purement *subjectif :* il n'a qu'une
valeur d'apparence et n'existe qu'au point de vue
de l'être qui agit d'après des fins.

Pour montrer que notre théorie n'a pas été faite
d'après un cas particulier, arbitrairement choisi,
mais qu'elle s'adapte bien au sens usuel du mot,
prenons d'autres exemples; et nous verrons que
l'apparence du hasard résulte toujours de la rencontre de deux éléments, dont aucun n'est fortuit. —
Ce n'est pas par hasard qu'une ardoise se détache de

ce toit : elle était mal fixée, le vent était violent, il fallait qu'elle fût arrachée. Ce n'est pas par hasard qu'un passant se trouve dans cette rue : il se rendait à ses affaires et ne pouvait passer que par là. Mais, si l'ardoise tombe sur le passant, il dit et nous disons avec lui que c'est là un fait de hasard : car les causes qui ont déterminé la chute de l'ardoise sont absolument étrangères aux raisons qui ont déterminé l'itinéraire du passant. — C'est par hasard qu'une plante se trouve avoir juste un mètre de hauteur; et pourtant la valeur du mètre comme la hauteur de la plante ont été déterminées chacune de leur côté d'une manière rigoureuse, l'une par des raisons mathématiques, l'autre par des causes physiques. — Dans une partie d'écarté, un joueur tourne le roi. Etant donnée la manière dont il a battu les cartes, il était impossible qu'il ne le tournât pas; mais le fait n'en a pas moins été fortuit, parce que le joueur n'a pu disposer le jeu intentionnellement. — Dans le tirage d'une loterie, on dit que, si tel numéro sort, c'est par hasard. En réalité, c'est par suite de l'impulsion donnée à la roue. Mais, aux yeux des spectateurs, qui ne peuvent évaluer l'impulsion donnée, l'apparition du numéro gagnant doit paraître absolument fortuite.

Valeur de l'idée de hasard. — On voit que dans un monde où tout est déterminé, où tout se tient, où tout s'enchaîne, le hasard ne peut exister qu'en apparence. Mais, de ce que cette notion est illusoire, il ne s'ensuit nullement qu'elle n'ait aucune valeur et soit appelée à disparaître. Car l'illusion sur laquelle elle repose est fatale : elle résulte de la nature même de notre esprit. Une intelligence parfaite, qui saurait embrasser d'une seule intuition la série infinie des causes et des effets, ne verrait plus dans le monde aucune indétermination. Pour nous, nous ne pouvons et nous ne pourrons jamais connaître qu'une minime partie des faits qui s'accomplissent dans l'univers entier, et même dans notre voisinage immédiat. Bien plus, nous ne pourrons jamais prévoir que bien incomplètement nos actes futurs. Aussi l'apparence de l'indétermination subsistera-t-elle toujours à nos yeux. Au point de vue auquel nous considérons le monde, il doit nous sembler en grande partie indépendant de toute loi, ou, comme l'on dit encore, soumis à la loi du hasard; et la connaissance que nous avons de notre caractère, de nos goûts, de nos forces, de nos véritables désirs, est si défectueuse qu'il y aura toujours quelque chose de hasardeux dans nos propres déterminations. Nous devons comprendre que telle est bien la position qui nous est faite, et tenir compte dans la pratique des conditions qui nous sont imposées par la débilité de notre intelligence.

Nous ne pouvons nous faire des phénomènes concrets, dont nous cherchons à prendre connais-

sance, qu'une idée abstraite et incomplète. Nos
idées les plus précises sont de simples cadres dans
lesquels peuvent entrer une infinité de choses. Je
dis par exemple qu'une robe est *bleue*, qu'un homme
est *riche*, qu'une tour est *penchée*. Ce sont là des
indications qui semblent précises. Mais, entre toutes
les nuances de bleu possible, entre tous les degrés
de richesse, entre tous les angles de déviation, quels
sont précisément la nuance, le degré, l'angle dont je
veux parler? Les mots que j'emploie n'indiquent pas
ces détails, et même mon esprit ne les conçoit pas.
L'idée que je me fais d'un objet est une catégorie plus
ou moins étendue dans laquelle je le fais entrer, sans
indiquer la place exacte qu'il y occupe. Les procédés
de mesure les plus rigoureux ne sont que des
approximations de la réalité. On a dit qu'il n'y a de
science que du général. On pourrait aller plus loin
et dire que nous ne concevons que des généralités.

Telle étant la nature de notre esprit, il nous est
impossible de nous faire à l'avance une idée tout à
fait exacte de nos propres actions. Nous ne savons
qu'en gros ce que nous voulons faire. Prenons pour
exemple l'acte volontaire le plus simple. Je veux
étendre le bras *à gauche*. Il semble que l'on ne peut
imaginer de résolution mieux déterminée. Mais,
dans ce que j'appelle *ma gauche*, je comprends un
certain nombre ou plutôt un nombre indéfini de
directions entre lesquelles tout choix m'est indifférent; et de même, dans l'idée *d'étendre* le bras,

une infinité de mouvements de vitesse et d'ampleur différentes, qui tous se rapportent également bien à la fin que je me propose. De sorte que les termes de ma résolution, si précis qu'ils paraissent, sont en réalité fort vagues et laissent une large place à l'imprévu.

Si nous choisissions des exemples plus complexes, nous verrions le hasard prendre une part plus grande encore dans nos actions. Mais les faits que nous avons analysés suffisent à montrer la valeur de cette idée, et à faire comprendre comment elle peut trouver place dans une théorie déterministe. Les deux notions de déterminisme et de hasard, loin de s'exclure, se supposent l'une l'autre et sont presque équivalentes. En déclarant que la formation des pensées est fortuite, nous nous sommes engagés à montrer qu'elle est déterminée jusque dans le plus petit détail par des causes toutes naturelles.

A MON PÈRE

THÉORIE

DE L'INVENTION

PAR

PAUL. SOURIAU

Professeur de philosophie au lycée d'Angers

PARIS

LIBRAIRIE HACHETTE ET Cie

79, BOULEVARD SAINT-GERMAIN, 79

—

1881

COULOMMIERS. — TYPOGRAPHIE PAUL BRODARD.

CHAPITRE II

DÉTERMINISME DE L'INVENTION

Nous cherchons à nous rappeler le nom d'une personne bien connue, un air que nous avons entendu cent fois, une date, un fait. Malgré tous nos efforts, nous ne pouvons y réussir. L'idée fuit devant nous à l'instant où nous croyons l'atteindre. Fatigués de cette recherche décevante, nous prenons le parti d'y renoncer, et nous pensons à autre chose. Tout à coup, à l'instant où nous nous y attendons le moins, voici que l'idée vainement appelée se présente d'elle-même à notre esprit. Pourquoi maintenant et non tout à l'heure? — Le géomètre cherche la solution d'un problème, le musicien un motif, l'ingénieur une combinaison mécanique. Assez longtemps, leur esprit reste stérile; puis l'idée nouvelle, qu'ils essayaient inutilement de former, leur apparaît toute faite. Pourquoi s'est-elle fait si longtemps attendre?

I. — Déterminisme de la pensée.

Pendant quelque temps, j'ai été incapable de trouver l'idée cherchée; puis, à un moment donné, j'en ai eu le pouvoir. C'est donc que les conditions nécessaires à la formation de l'idée n'étaient pas réalisées d'abord et l'ont été ensuite; c'est que la découverte a été d'abord impossible, puis nécessaire.

La surprise que j'ai éprouvée, lorsque l'idée m'est apparue, vient de ce que je n'ai pu suivre en moi toutes les phases de sa préparation. Je puis toutefois, par une étude rétrospective, retrouver dans un certain nombre de cas l'enchaînement de mes idées : et même, grâce à cette découverte, je deviendrai capable de calculer à l'avance mes pensées futures, sinon d'une façon certaine et pour un avenir éloigné, du moins avec quelque probabilité et pour de courtes échéances.

Déterminisme interne. — Pour commencer par le cas le plus simple, cherchons comment se succèdent les idées dans notre esprit, quand il est livré à lui-même et ne subit l'action d'aucune cause étrangère. Par exemple, je lis un livre. Une des idées qui s'y trouvent exprimées me frappe : j'interromps ma lecture et me prends à réfléchir. L'idée que je conçois va être le point de départ d'une série d'idées nouvelles : elle disparaîtra certainement bientôt, car il est aussi fatigant pour nous d'arrêter longtemps notre esprit sur une même idée que notre œil sur un même point lumineux. J'éprouverai donc le besoin de concevoir une autre idée. Mais laquelle? Celle qui pourra le plus facilement succéder à la première. Tout acte est un commencement d'habitude ; quand nous avons une fois conçu une série d'images, nous avons une tendance à les concevoir de nouveau dans le même ordre. Aussi l'idée qui va m'apparaître sera-t-elle celle qui aura le plus souvent succédé à l'idée présente. Et mon intelligence sera entraînée au fil de sa rêverie, allant toujours du côté où elle trouvera le moins de résistance, comme l'eau qui descend une colline suit toujours la ligne de plus forte pente. Au bout d'un certain temps, je me trouverai fatalement ramené à l'idée qui fait l'objet le plus ordinaire de mes méditations, car c'est vers celle-là qu'auront convergé le plus grand nombre de séries antérieures.

Si notre théorie est vraie, si la série de mes idées, à partir d'une idée donnée, a été rigoureusement déterminée, supposons que par hasard je me trouve ramené à mon point de départ : toute la série devra se développer de nouveau dans le même ordre et se reproduire intégralement. C'est ce qui arrive en effet. Il est difficile d'en trouver des exemples dans la vie journalière; car nous changeons incessamment; et, quand bien même nous serions amenés à concevoir de nouveau une idée précédemment conçue, nous ne nous trouverions pas placés pour cela dans des conditions identiques. Nos déductions, n'ayant porté que sur une série de simples idées, ne peuvent s'appliquer qu'à un homme abstrait, théorique, réduit à la condition de pur esprit. Nous pouvons pourtant nous placer, pour quelque temps au moins, dans cette condition.

Essayons d'émettre rapidement une série de sons articulés qui n'aient aucun sens. Nous voilà bien placés dans les conditions requises. Les mots bizarres que nous allons ainsi former étant tout à fait nouveaux pour nous, leur apparition ne sera influencée en rien par les associations antérieures. Que l'on fasse l'épreuve, et l'on reconnaîtra qu'il est fort difficile de prolonger beaucoup ce travail d'invention. Les premiers mots se forment facilement; mais, aussitôt formés, ils s'imposent à notre esprit et nous empêchent d'en trouver d'autres; en sorte qu'au bout de très peu de temps nous finissons par retomber toujours sur les mêmes syllabes. — Je frappe une vitre de mes doigts et produis ainsi une série de petits chocs, que je m'efforce de rendre aussi irréguliers que possible : mais je ne puis m'empêcher de suivre une cadence quelconque qui, par le seul fait d'avoir été adoptée une fois, tend à se reproduire et assujettit à son rythme les mouvements de mes doigts. — On me demande de prononcer à la suite, sans m'arrêter pour réfléchir, un certain nombre de chiffres pris au hasard. Je commence à en dire quelques-uns. On ne saurait encore saisir entre eux aucun ordre déterminé; mais le seul fait de les avoir prononcés à la suite fait que quelques-uns ont commencé à s'associer. Déjà l'on pourrait voir apparaître dans la série quelques groupes identiques, séparés par des chiffres encore incohérents. Puis ces groupes se rapprochent; il m'est déjà arrivé de prononcer deux fois de suite la même formule, associant ainsi son dernier chiffre à son premier. Je remarque cette coïncidence; l'effort même que je fais pour l'éviter, en fixant sur elle mon attention, la rend irrésistible : le cercle se referme, et la série devient absolument périodique. Mon esprit, toujours ramené à son point de départ, repassera toujours et forcément par le même chemin, jusqu'à ce qu'il s'arrête de fatigue.

On pourrait trouver, dans la vie ordinaire, quelques faits à peu près analogues. Souvent, au cours d'une conversation, nous nous apercevons que l'on va retomber dans une conversation antérieure; et, si nous ne nous efforcions pas de détourner les idées de nos interlocuteurs vers d'autres sujets, nous verrions reparaître les mêmes anecdotes, suivies des mêmes réflexions que la première fois. — Les professeurs, qui sont obligés par métier de revenir chaque année sur les mêmes matières et de répéter plusieurs fois les mêmes choses, finissent par ne plus même avoir conscience de leurs redites; par nonchalance d'esprit ou par fatigue, ils reviennent

de préférence aux idées qui leur sont le plus familières et dont l'expression leur est devenue plus
facile : de sorte que le champ de leurs conceptions
va sans cesse en se restreignant. — Les vieillards
qui se désintéressent de ce qui se fait autour d'eux
et se renferment dans leurs souvenirs sont exposés
au même danger. Ils tournent constamment dans le
même cercle d'idées; ils recommencent à satiété les
mêmes histoires et finissent par tomber dans le
radotage proprement dit. — Enfin je citerai, à
l'appui de cette loi de périodicité, le sentiment
étrange que nous avons parfois de nous trouver
replacés, d'esprit et de corps, dans une situation
déjà connue. En travaillant, en causant, en nous
promenant, brusquement cette idée nous saisit, que
nous nous sommes trouvés autrefois dans un état
absolument identique. Est-ce en rêve? Est-ce dans
notre enfance? Est-ce dans une existence antérieure?
Nous ne savons; mais nous avons la sensation poi-
gnante d'un retour intégral à quelque phase de notre
vie passée. Je crois que cette prétendue réminis-
cence n'est qu'une illusion du souvenir. Il nous est
déjà arrivé de nous trouver dans une situation à peu
près analogue, que nous déclarons identique, faute
de nous rappeler les différences. Nous éprouvons en
ce cas un sentiment de vive surprise, associé à un
certain nombre d'idées superstitieuses, d'un caractère triste ou inquiétant. Plus tard, si cette analogie
de situation vient à se représenter encore, les mêmes

sentiments, les mêmes idées seront de nouveau évoqués par association ; et nous nous tromperons moins en disant que nous nous sommes déjà trouvés dans un pareil état de conscience. Je crois donc que le sentiment particulier que je viens d'analyser ne doit pas être rare chez les esprits curieux, habitués à s'observer eux-mêmes, et qu'il doit prendre par la répétition une intensité de plus en plus grande.

Déterminisme externe. — Nous avons jusqu'ici considéré l'homme comme une pure intelligence, obéissant à la loi tout intérieure de l'association. Telle n'est pas notre situation véritable. Nous ne pouvons nous isoler de notre milieu que pendant un temps très court et par un véritable effort d'abstraction. Les objets matériels qui nous entourent font continuellement impression sur notre corps ; et ces modifications de notre état physiologique, pour n'être pas toujours senties, n'en ont pas moins sur les phénomènes de conscience une influence incessante. A chaque instant, des impressions inattendues viennent me frapper : des sensations, dues à une cause étrangère, entrent dans la série de mes idées et lui donnent une nouvelle direction. Que je sois plongé dans un sommeil profond ou complètement éveillé, je suis toujours sous l'influence de quelque cause de ce genre ; et plus mon esprit semble actif et indépendant, plus on le voit envahi et pénétré par ces éléments étrangers.

Je suis endormi dans mon lit, insensible en apparence à tout ce qui se passe autour de moi. Mon esprit, engourdi par le sommeil, n'a plus qu'une activité tout à fait élémentaire; lentement et péniblement, il met bout à bout quelques idées, ébauche de vagues tableaux qu'il n'a pas la force d'achever, puis retombe dans sa léthargie. Grâce aux précautions que j'ai prises pour assurer la tranquillité de mon sommeil, je suis dans un état d'isolement presque absolu. Pourtant quelques phénomènes extérieurs viennent encore faire impression sur moi. Des perceptions qui, dans l'état de veille, seraient à peine remarquées, se mêlent à mon rêve et prennent par contraste une importance exagérée. Quelques gouttes de pluie fouettant les vitres me font penser à un jet d'eau, à une cascade, à la chute du Niagara. Le reflet affaibli d'un éclair me fera croire que la maison est en feu. Si l'air plus frais du matin me donne un léger frisson, je me verrai plongé dans un lac glacé. Je me retourne dans mon lit, et, en retombant d'une épaule sur l'autre, je m'imagine que je suis précipité dans un abîme sans fond. Le cours de mes pensées est donc de temps en temps dérangé par les causes extérieures; des sensations nouvelles entrent dans la série et y introduisent avec elles tout un cortège d'images inattendues.

Me voici éveillé. Suis-je bien sûr pour cela que mon esprit se détermine par sa propre énergie, que je suis vraiment moi? Au contraire, mon réveil me

livre presque entièrement au déterminisme extérieur. Je ne puis m'empêcher de voir, d'entendre,
de toucher quelqu'un des objets environnants; ce
sont ces perceptions, venues du dehors, imposées à
mon esprit par une cause indépendante de lui, qui
occupent la plus large place dans ma pensée et peu
s'en faut qu'elles ne la remplissent tout entière. —
Comparons, pour le nombre et la netteté, nos perceptions à nos conceptions, c'est-à-dire les images
qui sont déterminées en nous par les causes extérieures à celles que notre esprit produit spontanément. — Je me promène sur un boulevard. Je vois
les maisons défiler devant moi l'une après l'autre,
la foule circuler, les voitures passer rapidement;
j'entends le murmure des voix, le piétinement des
chevaux, le grondement des roues. Ce sont les perceptions, images vives, nettes, complexes, formées
de sensations intenses. En même temps, je pense à
mes affaires; je me représente un autre quartier de
la ville, d'autres maisons, des personnes avec lesquelles j'entame une conversation imaginaire. Ce
sont les conceptions, images simples, confuses, formées de sensations faibles. — Je travaille dans mon
cabinet. Je fais un effort pour concevoir nettement
les choses que je veux décrire; mais, j'aurai beau
faire, la plus grande partie de mon activité spirituelle
sera toujours employée à regarder la table sur laquelle j'écris, ma plume qui court sur le papier, les
mots qui, derrière elle, apparaissent un à un. — On

voit qu'en général la série de nos perceptions, que les causes extérieures déterminent rigoureusement, occupe une place prépondérante dans notre pensée; d'ailleurs, la série de nos conceptions est déterminée de son côté par les lois de l'association, en sorte que nous n'échappons au déterminisme extérieur que pour retomber dans le déterminisme intérieur.

Nous sommes maintenant en état de répondre avec plus de précision à la question que nous nous sommes posée au commencement de ce chapitre. Pourquoi ne trouvons-nous pas d'idées à volonté? C'est que l'apparition d'une idée donnée est soumise à un certain nombre de conditions, tant internes qu'externes. Pour obtenir une idée, il faut s'être placé au préalable dans les conditions physiologiques et psychologiques dont elle est la résultante; et, s'il nous est si difficile de trouver à volonté des idées, c'est que leurs antécédents nous sont très mal connus. Aussi pensons-nous au hasard, attendant qu'une rencontre heureuse de circonstances ait enfin rendu nécessaire l'apparition de l'idée désirée.

Déterminisme total. — Si deux hommes pouvaient être placés exactement dans les mêmes conditions physiologiques et psychologiques, la série de leurs conceptions devrait être absolument identique, et ils concevraient toujours la même pensée à la même heure, avec une régularité imperturbable. Cette conclusion théorique se trouve encore véri-

fiée par l'expérience, dans la mesure où une telle
expérience peut être réalisée. — Deux personnes
ont ensemble une discussion amicale : par l'échange
mutuel de leurs idées, elles se sont placées dans des
conditions psychologiques à peu près identiques ;
aussi, à l'instant où l'une imagine une objection,
l'autre pense qu'on pourrait la lui faire et y répond
au premier mot sans même avoir besoin d'entendre
le reste de la phrase. — Quand on connaît le caractère d'un homme, on peut deviner assez exactement
toutes les réflexions auxquelles il se livre dans une
circonstance donnée : il suffit pour cela de se mettre
à sa place en imagination et de s'abandonner au
cours naturel de la pensée. Il est fort probable que,
prenant ainsi le même point de départ, on parcourra
la même série. Toutefois il est bon d'étudier l'attitude, les gestes, la physionomie de l'homme que
l'on veut pénétrer ; au moyen de ces indices, nous
pouvons corriger à l'instant où elles se produisent
les petites déviations qui, en s'accumulant, finiraient
par nous dérouter complètement. — Cette simul-
tanéité dans les pensées est plus facile à conserver,
quand la personne que vous étudiez ne se doute pas
de votre investigation et ne fait aucun effort pour
s'y soustraire : aussi les esprits naïfs ou confiants
sont-ils facilement pénétrés. Mais l'isochronisme des
deux esprits sera presque absolu, si l'on s'y prête
des deux côtés. Dans les longues causeries qu'ont
ensemble une mère et une fille, il y a quelquefois

des intervalles de silence pendant lesquels chacune s'abandonne à ses propres réflexions; mais elles sont tellement habituées à penser de même qu'elles ne perdent pas pour cela leur unisson; pour les empêcher de se désaccorder, il leur suffit d'un regard, d'un sourire; et la première qui reprend l'entretien trouve l'autre déjà prête à lui répondre. Bien qu'elles aient cessé de parler, elles ont continué une conversation idéale qui, par degrés insensibles, les a conduites toutes deux à un sujet différent; et aucune d'elles ne songe à s'en étonner, car c'est à peine si elles ont eu conscience de l'interruption. — La conversation en général n'a pas d'autre but que de réaliser cet accord. Pourquoi deux amis qui se rencontrent se mettent-ils aussitôt à causer? Ce n'est pas pour s'instruire l'un l'autre : les choses dont ils parlent sont d'ordinaire assez insignifiantes; elles ont même d'autant plus de charme qu'elles sont supposées mieux connues, comme lorsque l'on échange des souvenirs communs. C'est uniquement pour s'unir dans une même pensée ; car deux hommes qui marcheraient côte à côte en pensant à des choses différentes seraient en réalité aussi séparés que s'ils étaient à cent lieues l'un de l'autre. — Mais des sensations, des perceptions communes peuvent tout aussi bien réaliser cet accord et suppléer ainsi à la conversation. Deux amis intimes font ensemble une promenade. Pour se sentir parfaitement unis, il leur suffit de se donner le bras et de regarder

ensemble les mêmes choses. Un geste insignifiant
pour tout autre, un mouvement imperceptible de la
main qui s'appuie, s'abandonne ou se retire, sont
une question, un remerciement ou un reproche. Si
les lieux que l'on parcourt n'ont rien d'intéressant,
la conversation devient plus vive; elle se ralentit
quand le paysage s'embellit; enfin elle s'arrête complètement si l'on découvre tout à coup quelque site
très pittoresque. Arrivés sur le bord d'une falaise ou
au sommet d'une montagne, nos promeneurs ces-
seront de parler et regarderont en silence le paysage
qu'ils ont devant les yeux. Pourquoi se communi-
queraient-ils des impressions qu'ils sont certains de
partager? L'entente est si complète, l'accord des idées
est si parfait, que toute conversation leur est devenue inutile. Quand, après un silence prolongé, ils
songeront à reprendre l'entretien, il est probable
qu'ils y songeront en même temps et en pensant aux
mêmes choses : aussi leur arrivera-t-il souvent, en
pareil cas, de commencer ensemble la même phrase,
puis de s'arrêter en riant de cette coïncidence, et
d'en recommencer ensemble une autre. Ainsi, deux
personnes qui se rencontrent au tournant d'une rue
s'arrêtent toutes deux, puis se rejettent ensemble du
même côté, et ne savent plus comment se dégager
l'une de l'autre.

Formation des pensées originales. — L'apparition de toutes nos pensées est donc bien déterminée

par les conditions intérieures et extérieures dans lesquelles nous nous trouvons placés. Comment ce double déterminisme peut-il avoir pour résultat l'apparition d'idées nouvelles? Il semble que, en signalant l'existence de ces causes, nous avons rendu le problème plus difficile encore à résoudre. Si nos idées sont une simple résultante de notre état physique et psychologique, d'où peut bien leur venir la moindre originalité?

Des deux éléments qui concourent à former notre pensée, le déterminisme intérieur est celui qui paraît le moins propre à y introduire de changement. Nous avons vu qu'au contraire il devait tendre à l'enfermer dans un cercle très étroit. Il est bien certain que si nous étions de purs esprits, livrés uniquement à la loi de l'association, nous ne pourrions que nous répéter sans cesse, parcourant sans fin la même série d'idées; et notre pensée ne serait qu'un perpétuel radotage. Mais notre cerveau, emporté comme tous nos autres organes dans le tourbillon vital, se décompose par sa propre activité; quand il nous présente de nouveau une idée antérieurement conçue, ses molécules ne se trouvent plus disposées exactement de même, et ce changement physique a pour effet nécessaire de modifier la série dans laquelle la simple association nous aurait engagés.

Si la loi d'association est par elle-même fort simple, l'être sur lequel elle agit est assez complexe pour que les résultats produits aient toute la variété

désirable. Nos idées ne s'enchaînent pas une à une,
comme pourrait le faire supposer notre précédente
analyse. L'image présente n'est pas déterminée uniquement par celle qui précédait; outre l'action d'une
idée sur une autre, nous devons considérer l'action
de tout un groupe sur un autre groupe. Ainsi nos
idées ne sont pas disposées en série linéaire : nous
pouvons mener de front plusieurs séries, qui se
croisent, qui s'entremêlent et, bien que déterminées chacune de leur côté, introduisent l'une dans
l'autre par leurs rencontres accidentelles des éléments inattendus. De plus, le travail même de la
conception a pour effet de modifier l'état de notre
sensibilité et, par suite, d'incliner dans un autre
sens la pente de notre rêverie. Les changements
brusques et fantasques de la pensée se trouvent ainsi
subordonnés aux changements beaucoup plus du-
rables des sentiments. Ceux-ci, à leur tour, influent
sur notre humeur, et l'humeur sur le caractère. Les
vicissitudes de notre pensée pourraient être compa-
rées aux oscillations d'un pendule léger qui serait
attaché à un pendule plus lourd suspendu lui-même
à une masse considérable; ou encore aux rides produites par la pluie sur la surface de la mer, qui se
combinent avec les ondulations de la vague, combinées elles-mêmes avec la lente oscillation des ma-
rées. Si nos pensées semblent souvent incohérentes,
c'est qu'elles sont la résultante de causes nombreuses et inégales en valeur. Pour nous expliquer

l'agitation superficielle de notre esprit, il faut regarder plus profondément en nous-mêmes et distinguer ces courants larges et réguliers, qui ne se manifestent au dehors que par des remous capricieux.

Enfin il faut remarquer que la loi d'association n'empêche pas la pensée de différer beaucoup d'un individu à l'autre. Si nos idées s'associaient en vertu de leurs rapports logiques, il s'ensuivrait à la longue une uniformité absolue dans les esprits; mais nous avons vu que leurs associations étaient déterminées par toutes les coïncidences antérieures : aussi leur ordre doit-il être très variable. Un autre homme, partant de la même idée que moi, s'engagerait très probablement dans une autre série. Supposons un grand nombre d'hommes, d'humeur et de conditions diverses, amenés à un moment donné à concevoir tous à la fois une même idée. Par exemple, il arrive quelque accident dans une rue : la foule se rassemble pour le voir, puis se disperse. Voilà un certain nombre d'individus occupés un instant du même spectacle, puis abandonnés à eux-mêmes. Vont-ils tous se livrer aux mêmes réflexions? Non; l'un pensera aux conséquences de cet accident, l'autre à ses causes; un autre évoquera le souvenir des faits de même genre qu'il a vus; un autre se félicitera de n'avoir pas été atteint lui-même : enfin tous ces esprits, partis d'un même point, s'en iront chacun de leur côté; ces différentes séries, après s'être croisées un instant, deviendront aussitôt divergentes. Chacun, selon ses habitudes et son caractère, sera porté à concevoir des pensées d'un ordre spécial : et la particularité des déterminations sera telle qu'elle produira l'effet d'une indétermination générale.

Quant au déterminisme extérieur, il est facile de montrer qu'il tend à modifier sans cesse l'ordre et la nature de nos idées. La perception, nous mettant à chaque instant en contact avec des objets nouveaux, tient l'esprit toujours en éveil. A chaque mouvement que nous faisons, notre *moi*, qui est pour ainsi dire un centre de perspective, change de position, et la nature entière se présente à nous sous un aspect différent; tous nos rapports avec les objets environnants se trouvant altérés, notre représentation actuelle, qui en est la résultante, est modifiée dans la même proportion. De là une production presque constante d'images nouvelles.

Ce n'est pas tout. En même temps que je perçois les objets placés devant moi, je me représente, comme nous l'avons vu, d'autres objets purement imaginaires. Les images de *perception*, en entrant dans ma conscience, s'y trouvent en contact avec les images de *conception* et se soudent avec elles. Un nouvel élément de variété m'est ainsi donné par les coïncidences de la série objective avec la série subjective. Les associations de ce genre sont si nombreuses, qu'il nous suffira d'en citer un exemple pour que chacun puisse en retrouver en soi-même une infinité d'autres. — La vue des lieux dans lesquels j'ai éprouvé jadis quelque grande joie ou quelque grande douleur réveillera en moi ces sentiments. Lorsque je revois la maison où j'ai passé les premières années de ma vie, je crois y revoir aussi toute mon enfance : dans ces objets inanimés, je retrouve mes plaisirs, mes chagrins, mes rêves d'autrefois. Je mets un peu de ma pensée dans toutes les choses au milieu desquelles je vis; je les spiritualise, en leur prêtant les idées qu'elles me suggèrent. Lorsque l'on regarde un paysage à travers un verre coloré, il semble que ce sont les objets eux-mêmes qui ont changé de couleur : par une illusion semblable, je transporte dans la nature et lui attribue tous les sentiments à travers lesquels je la perçois. — Les esprits superstitieux, qui attribuent à certaines coïncidences une influence maligne uniquement parce qu'elles évoquent des souvenirs attristants, sont le jouet de cette illusion. Les esprits poétiques la recherchent et s'y complaisent. Le poète entendra, dans le bruit monotone des vagues qui battent le rivage de la mer, la voix lamentable des naufragés; le son du vent dans le feuillage lui arrivera comme une plainte, et le murmure d'un ruisseau comme une chanson joyeuse. Muette pour les autres hommes, la nature lui parle quand il l'interroge : c'est lui qui répond pour elle, et il le sait; mais il ne veut pas y réfléchir. Il cherche à perdre le sens de la réalité et à unir si bien ses rêves avec les choses, qu'il ne puisse plus les distinguer.

Enfin il s'établit, d'un esprit à l'autre, des rapports qui multiplient à l'infini le nombre des coïncidences fortuites, et par conséquent les chances d'invention. Les intelligences ne restent pas renfermées en elles-mêmes; les diverses séries de pensées ne se développent pas parallèlement; elles se rencontrent, se croisent, s'enchevêtrent de mille manières.

Quand je lis un livre, mon esprit s'occupe à comprendre, c'est-à-dire à reconstituer les idées de l'auteur. La lecture est un véritable travail d'invention. Il faut que, sur quelques indications souvent assez sommaires, je rétablisse tout un tableau; que, d'une phrase qui m'est donnée, je fasse un raisonnement; que j'associe les unes aux autres les diverses propositions qui se présentent successivement à moi, de manière à embrasser du regard l'ensemble du développement.

Cette opération est assez compliquée, quand j'ai affaire à de longues périodes dont les diverses parties s'enchaînent les unes aux autres; je ne viendrais pas à bout de les comprendre, si je ne procédais méthodiquement.

Il est clair que si j'essayais de les concevoir mot à mot, en associant une à une les idées exprimées par chaque terme, le sens général m'échapperait. Aussi n'est-ce pas ainsi que je fais. Je lis la phrase assez rapidement pour n'avoir pas le temps de concevoir le sens des mots inutiles ; je ne m'arrête qu'à ceux qui me frappent, et en forme des groupes que j'associe de proche en proche : j'arrive ainsi à résumer en quelques termes un raisonnement très complexe. Si je ne suis pas tombé sur les mots les plus importants, ou si j'ai conservé trop de termes, ou si la phrase est trop longue, je n'en comprendrai pas la suite, et il me faudra recommencer ma lecture. Cette fois, il est assez probable que je réussirai, car, sachant déjà par cœur un certain nombre de termes, j'aurai moins de peine à en former des groupes et à les associer. — Dans la phrase qu'on lit des yeux, les divisions à faire sont d'ordinaire indiquées par les signes de ponctuation. Quand un homme lit un livre à voix haute, il est assez facile de voir comment il la scande en lui-même, car il ne pourra s'empêcher d'élever la voix sur les mots qu'il remarque et de faire une légère pause à chaque association qu'il effectue.

L'ordre dans lequel ces diverses images doivent être conçues, le programme des associations à effectuer, m'est indiqué par le texte que je déchiffre. Le cours de ma pensée se trouve donc régi par une loi étrangère. Les associations propres à l'auteur viennent se substituer, dans mon esprit, à celles qui me sont familières. Aussi l'exercice de la lecture est-il éminemment suggestif. En modifiant notre manière de penser, il nous inspire mille réflexions originales, que d'ordinaire nous écartons comme étrangères au sujet de notre lecture, mais qui bien souvent mériteraient d'être recueillies et utilisées.

Il en est de même de la conversation. Celui qui n'essaye pas de la conduire, mais qui s'y abandonne, ne manquera pas d'en tirer profit. Lorsqu'une personne parle, les autres l'écoutent, conformant leur pensée à la sienne ; puis la parole leur revient, et chacune d'elles devient active à son tour. La conversation est donc un discours continu, fait en collaboration par plusieurs esprits différents. Une personne qui sait causer sera plus spirituelle dans sa conversation que dans ses méditations personnelles, parce que, lorsqu'elle médite, elle est abandonnée à ses propres forces, et que, lorsqu'elle cause, elle met à profit l'esprit des autres.

Les écrivains qui ont besoin de produire beaucoup et vite ont coutume de s'associer. Ils se fondent sur ce principe que deux hommes trouvent plus d'idées ensemble que séparément. L'association, la division du travail, ont les mêmes avantages dans la littérature que dans l'industrie. Cette méthode, excellente en soi, n'est pourtant pas applicable partout : il faut savoir s'en servir à propos. On n'a guère écrit de tragédies en collaboration ; tandis que, pour les comédies, rien n'est plus fréquent. Cela tient à ce que la tragédie exige l'unité d'action et de sentiments. Au contraire, pour la comédie, trop de logique nuirait. Le rire ne peut naître que de contrastes imprévus. Un auteur isolé suivrait trop ses idées, et le spectateur n'aurait pas de peine à en trouver le fil. Mais, dans la collaboration, les séries d'idées qui se coupent et s'entrecroisent se déconcertent l'une l'autre, et le spectateur, qui ne peut saisir la loi de ces évolutions, éprouve une surprise continuelle.

CHAPITRE III

La connaissance des conditions dans lesquelles apparaissent nos idées n'a pas seulement un intérêt théorique : dans la pratique, on pourra l'utiliser. Sachant quelle est la situation d'esprit et de corps qui convient le mieux à l'inventeur, on pourra s'efforcer de s'y placer et apprendre ainsi à faire meilleur usage des qualités naturelles que l'on peut avoir reçues. Cherchons donc quelles sont les conditions physiologiques et psychologiques les plus favorables au travail de l'invention.

1. — CONDITIONS PHYSIOLOGIQUES.

La santé de l'organisme a sur les fonctions de l'esprit une influence indéniable. S'il est une chose bien constatée par la science, c'est que la pensée est

en relation étroite avec l'état du cerveau. Elle se
développe, elle s'altère, elle est détruite avec lui; dès
que l'organe est lésé, la fonction en souffre. Si nous
sommes disposés à négliger ce rapport, c'est que nous
n'en avons pas directement conscience. Dans l'état
de santé normale, le travail de la cérébration est si
aisé, que nous n'en sommes avertis par aucune sensation spéciale. Il nous semble alors que nos idées
s'enchaînent d'elles-mêmes sans que nous soyons
obligés d'accomplir un effort physique pour les éla-
borer l'une après l'autre; et nous perdons si bien de
vue leurs conditions organiques, que nous finissons
par ne plus même concevoir qu'un cerveau puisse
nous servir à penser. Mais, dès qu'un trouble quelconque vient à déranger les fonctions cérébrales,
nous apprécions fort bien, à la résistance que l'organe
de la pensée nous oppose, le besoin que nous avons
de lui. Une lésion déterminée altérera d'une manière
déterminée les fonctions intellectuelles. — Dans certains cas, il est vrai, l'état de l'esprit ne semble pas
correspondre à l'état de l'organisme. On voit des
enfants manifester une raison précoce, des vieillards conserver toute la force de leur intelligence
quand leur corps est déjà affaibli, des agonisants
même garder une complète lucidité d'esprit dans
un organisme délabré et près de se dissoudre. Mais
ces observations prouvent que le cerveau n'est pas
complètement solidaire des autres organes. Ce qu'il
faudrait montrer, pour prouver une indépendance

réelle de la pensée et de l'appareil nerveux, ce serait
de graves désordres cérébraux laissant l'intelligence
intacte; et aucun physiologiste n'admettra que l'on
puisse bien penser avec un cerveau avarié ou atro-
phié.

La santé. — La maladie en général nous rend
impropres au travail de la pensée : les maladies
chroniques, en nous imposant des préoccupations
qui ôtent à notre esprit sa liberté; les maladies
aiguës, en troublant violemment notre organisme.
Dans la période d'incubation, le malade est d'autant
plus affecté par les sensations anormales qu'il
éprouve, qu'elles sont plus confuses et plus inexpli-
cables. Une vive douleur, dont nous avons clairement conscience et contre laquelle nous pouvons
réagir, a moins d'influence sur nos pensées ou nos
déterminations qu'une douleur sourde et indistincte.
Les causes physiques qui agissent sur nous sont
d'autant plus puissantes que nous les connaissons
moins. — Quand la maladie se déclare, elle produit
souvent une sorte d'exaltation de l'esprit. Dans le
délire, les images évoquées tour à tour sont d'une
vivacité surprenante et se succèdent avec une rapidité extraordinaire. Certes il y a beaucoup d'invention dans cette fantasmagorie, mais d'invention
bizarre et absurde, dont on ne pourra jamais tirer
aucun parti. — Enfin arrive la convalescence; au
tumulte d'idées qui signalait la crise succède une

complète rémission. Le convalescent a l'esprit si affaibli, que la moindre sensation suffit à épuiser toute l'activité dont il dispose. Il restera des heures entières à contempler un dessin de ses rideaux, à suivre la marche d'un rayon de soleil sur le mur. Il prolonge à plaisir cette douce et lente rêverie, qui le repose de sa fièvre et l'aide à attendre sans ennui le retour de la santé. — En somme, toute la période occupée par la maladie est perdue pour l'exercice de la pensée. Notre esprit ne reprend toute sa force que lorsque toutes nos fonctions ont repris leur régularité. Nous ne travaillons jamais mieux que lorsque nous sommes de bonne humeur. La gaieté augmente dans une proportion remarquable nos facultés d'invention. L'annonce d'une bonne nouvelle produit en nous un véritable afflux d'idées, que nous exprimons avec une facilité qui nous étonne nous-mêmes. Quand nous sommes fatigués d'un travail ingrat et prêts à perdre courage, il nous suffit d'évoquer quelque idée riante, comme l'espoir d'avoir bientôt fini, pour reprendre aussitôt notre énergie. Les jours où nous nous sentons dispos, allègres et bien portants, nous sommes certains de trouver l'inspiration qui nous fuyait jusqu'alors. Que la gaieté détermine en nous cette légère excitation nerveuse qui rend la pensée plus active, ou qu'elle soit produite par le bon état des organes; qu'elle soit la cause ou le symptôme du bien-être physique, à coup sûr elle est la disposition la plus favorable au

travail de l'invention. On a dit que le génie était
mélancolique; on a même imaginé des héros de
roman qui n'ont pour tout génie qu'un caractère
lugubre. Sans doute le génie a ses heures de gravité
et de recueillement, qu'il ne voudrait pas échanger
pour la joie insouciante des hommes de plaisir. Mais
cette étrange tristesse, que met dans le cœur la vue
de tout spectacle sublime ou la conception de toute
grande pensée, est propre à la vie contemplative :
elle disparaît au premier effort que l'on fait pour
agir. La mélancolie, qui n'est peut-être que le sentiment de notre impuissance devant l'œuvre rêvée,
est la punition du désœuvrement. Elle est moins une
preuve de génie que de paresse.

Les phénomènes atmosphériques, en modifiant
notre humeur, peuvent avoir une action notable
sur notre esprit. Quand il fait beau temps, nous
sommes plus accessibles aux idées joyeuses, plus
prompts à l'espérance et plus vaillants. Les longues
journées de pluie amollissent notre pensée et nous
portent au découragement. L'approche de l'orage
nous inquiète. Le vent nous étourdit. Si la pression
de l'air diminue, nous nous sentons plus pesants,
et nos idées mêmes nous paraissent plus lourdes.
Quand nous respirons un air plus chargé d'oxygène,
notre intelligence devient plus vive; elle semble
s'éveiller à la lumière et s'endormir dans l'obscu-
rité. — Notre esprit, comme tout ce qui a vie, subit
l'effet du changement des saisons. Nous avons nos

pensées de printemps et nos pensées d'automne Il
ne faudrait pas toutefois se hâter d'attribuer aux
seules variations de la température l'effet produit
en nous par le changement des saisons : il faut faire
ici la part de l'association des idées. Le printemps
produit sur nous une sorte d'exaltation, non seulement parce qu'il fait plus chaud et que nos fonctions
reprennent plus d'énergie, mais encore parce que
nous voyons les arbres se couvrir de feuilles et la
campagne s'embellir; nous appelons à nous, pour
nous exprimer à nous-mêmes les sensations déli-
cates qui nous envahissent, tous nos souvenirs poétiques; mille idées gracieuses, que l'hiver avait
engourdies, éclosent dans notre esprit aux rayons
du soleil printanier. Quand au contraire arrive
l'automne, et que nous voyons les jours décliner, les
feuilles tomber une à une, les oiseaux de passage
s'en aller par files dans le ciel, tous ces signes pré-
curseurs de la froide saison prennent pour nous un
sens métaphorique et nous inspirent une sorte de
tristesse littéraire que nous nous savons gré de res-
sentir. Il faut en outre tenir compte d'un grand
nombre de circonstances accessoires qui peuvent
changer ou même renverser l'effet de la condition
la plus apparente. Ainsi, remarquant que d'ordinaire
nous travaillons mieux en hiver qu'en été, on pourrait croire que le froid excite l'activité intellectuelle;
mais il faut songer que, si nous travaillons bien en
hiver, c'est dans une chambre bien chauffée : le

froid véritable, c'est-à-dire le froid senti, engourdit
les muscles et déprime l'activité nerveuse. Le refroi-
dissement brusque et superficiel que donnent les
bains froids, les douches, l'air vif des beaux jours
de gelée, n'est utile qu'à la condition de produire
une réaction de l'organisme et d'augmenter en réalité la chaleur vitale. L'été nous paraîtrait aussi
propre que l'hiver aux travaux de l'esprit, si nous
savions rafraîchir nos appartements aussi bien que
nous savons les échauffer. En définitive, la température la plus favorable à l'intelligence est la température moyenne, c'est-à-dire celle à laquelle notre
organisme est le plus habitué.

La force. — La civilisation n'a pas seulement placé
l'homme dans un milieu spécial; on pourrait dire
qu'elle a fait de lui un être artificiel. Chez les autres
animaux, la pensée a une fin toute pratique. La bête
ne réfléchit qu'aux mouvements qu'elle veut faire;
ses idées aboutissent immédiatement à un acte. L'action des objets extérieurs provoque aussitôt une réaction mécanique de l'organisme. Entre l'impression
faite sur l'organe des sens et la contraction du mus-
cle, il n'y a le plus souvent qu'un intervalle de temps
inappréciable accordé à la pensée. Même dans les
espèces supérieures, la délibération ne semble être
qu'un petit retard de l'action réflexe. Mais l'homme,
doué d'une plus grande force de préméditation,
qu'augmente encore l'emploi des signes, peut prolonger cette pause à volonté; il s'habitue à penser

sans agir ; il fait perdre peu à peu à ses idées le pouvoir naturel qu'elles ont de provoquer des mouvements. Les hommes d'action ont peine encore à parler sans faire de gestes ; à chacune des images successivement évoquées répond un mouvement qu'ils ne peuvent réprimer aussitôt. Chez les hommes de spéculation , la pensée est presque entièrement dépouillée de sa vertu motrice : de pratique qu'elle était, elle est devenue théorique. La civilisation a donc eu pour effet de séparer l'activité intellectuelle de l'activité musculaire, et de dédoubler pour ainsi dire l'homme en un être pensant et un être agissant.

La nature se charge elle-même de nous rappeler au sentiment de notre simplicité native. Nous n'avons à notre disposition qu'une seule espèce de force, que nous dépensons tantôt en mouvements cérébraux, tantôt en mouvements musculaires. Comme la quantité d'énergie nerveuse que nous pouvons employer est limitée, si nous en consumons plus pour penser, il nous en restera moins pour agir. Les hommes remarquables par leur intelligence sont surtout nombreux dans les fortes races, et plus particulièrement dans les familles vigoureuses : l'homme privilégié qui reçoit le génie en partage ne fait que convertir en force spirituelle la force physique qui lui a été transmise par hérédité. L'activité intellectuelle et l'activité motrice peuvent être regardées comme complémentaires.

Il nous est difficile de suivre un raisonnement en faisant un effort musculaire considérable, par exemple en soulevant un lourd fardeau, en courant, en sautant. L'homme qui se livre à un exercice violent a une certaine brutalité irréfléchie qui peut le rendre dangereux. L'homme timide qui est obligé de soutenir une conversation embarrassante a toujours quelque tic dès qu'il cesse de parler; il finit sa phrase en ricanant, en balançant son pied, en se grattant l'oreille : c'est que son système nerveux, fortement excité, tient en réserve une certaine somme d'énergie dont il doit pourtant trouver l'emploi et qu'il dépense en mouvements physiques quand il est à bout d'idées. D'autres fois, c'est un effort physique, subitement interrompu, qui se convertit en effort de réflexion. Quand on vient de faire un brusque effort pour éviter une chute, on se sent tout à coup envahi par un flot de pensées. Pour faire venir l'inspiration quand on compose, on serrera les poings, on étendra le bras, on sifflera un air de marche, comme si l'on allait faire un grand mouvement : le système nerveux, trompé par cette sorte de ruse, se prépare au mouvement projeté, prend son élan et développe un excès de force motrice que l'on consomme aussitôt en travail intellectuel. Les promeneurs fatigués par une longue marche ne causent plus avec la même vivacité qu'au départ. Une méditation trop intense et trop continue produit une sensation de lassitude physique. Pendant le travail de la digestion , l'esprit est incapable d'un grand effort. Dans le premier sommeil, l'esprit et le corps, fatigués par les travaux du jour, sont plongés dans une complète léthargie. Quand arrive le matin, nos rêves deviennent beaucoup plus clairs et plus suivis. Parfois même, il nous arrive, quelques instants avant le réveil spontané, de penser avec une lucidité surprenante. Le cerveau, dont les forces ont été réparées par une longue inaction, recommence de lui-même à fonctionner et pense avec d'autant plus d'énergie qu'il n'a encore eu à produire aucun mouvement musculaire. Il est même à remarquer que, quelque temps encore après le réveil définitif de l'esprit, nos muscles restent faibles et maladroits, comme s'ils étaient encore engourdis par le sommeil ; nous sommes incapables de les contracter vigoureusement, ou de leur faire exécuter des mouvements rapides et bien ordonnés ; aussi écrit-on moins vite le matin que le soir.

L'hygiène. — Certaines substances ont la propriété d'augmenter d'une façon singulière l'énergie des fonctions cérébrales. Si courte que soit cette excitation, ne pourrait-elle pas être utilisée? Dans la vie ordinaire, nous gaspillons notre intelligence en pensées frivoles et insignifiantes : dans nos journées les mieux remplies, c'est à peine si nous avons quelques minutes de véritable réflexion. N'y aurait-il pas avantage à concentrer en un instant toute

cette activité perdue et à remplacer des heures de
pensée médiocre par une seconde de génie?

Il est vrai que l'opium, le haschisch, l'alcool,
l'éther sulfurique, le protoxyde d'azote, et bien
d'autres substances encore, produisent une ivresse
plus ou moins prolongée pendant laquelle les idées
affluent avec une rapidité merveilleuse. Mais quel
parti peut-on tirer d'une pareille exaltation? Tant
qu'elle dure, l'intelligence est comme affolée et
incapable de s'appliquer même à décrire les idées
qu'elle conçoit. Elle ne pourra songer à les utiliser
qu'en les évoquant de nouveau par un effort de
mémoire, quand elle sera revenue à l'état normal.
Mais alors elle remarquera que ces conceptions, qui
lui paraissaient sublimes sur le moment, n'ont de
remarquable que leur bizarrerie. Un écrivain pourra
avoir recours à l'ivresse pour imaginer des histoires
extraordinaires et grotesques, des contes fantasti-
ques; car le principal mérite de pareilles œuvres est
de nous donner l'impression du rêve ou du cau-
chemar. Mais jamais il n'obtiendra par un pareil
procédé une idée simple, claire et applicable. Le
délire produit par les anesthésiques n'est qu'un
dérèglement et une véritable désorganisation de
l'esprit. Les mangeurs d'opium peuvent être comparés à un compositeur qui, pour trouver des inspi-
rations originales, ferait exécuter un charivari sans
nom à tous les musiciens de son orchestre.

D'autres substances, comme les liquides médiocrement alcooliques, le café, le thé, la fumée de tabac, produisent une excitation plus légère et, à ce titre, sont plus fréquemment employées. — Les liquides alcooliques, à la condition de ne pas être absorbés avec excès, augmentent la vivacité de l'esprit; mais en même temps ils diminuent sa force de réflexion. Si les idées se succèdent avec plus de rapidité, nous en sommes moins maîtres. Ces substances ne pourront donc être utilisées que dans le cas où l'on a besoin d'une invention indéterminée : par exemple, pour la conversation. Mais leur effet sera toujours fâcheux quand il s'agira de trouver des idées précises et répondant à des conditions bien définies : par exemple, pour une recherche scientifique. Après un bon repas, on peut se montrer brillant causeur, mais on se montrerait certainement médiocre géomètre. — L'action du café et du thé est si légère, qu'à peine peut-on la distinguer dans l'état de veille. On l'observera plus facilement pendant le sommeil. Le rêve est un réactif très délicat, qui nous permet de reconnaître dans les fonctions cérébrales l'effet des causes perturbatrices les plus faibles. Le thé, pris le soir quand on n'en a pas l'habitude, produit une sorte de léger délire; les rêves sont bizarres, incohérents et comme fiévreux. Le café, quand il ne chasse pas tout à fait le sommeil, laisse à l'esprit une certaine lucidité dans le corps endormi : en rêvant, on essayera d'enchaîner des raisonnements, on se creusera la tête à résoudre des

problèmes auxquels on avait déjà songé pendant le
jour, on se fatiguera en efforts de méditation. — L'habitude de fumer, après les fâcheux effets du début, ne
produit plus qu'une tendance à la rêverie et à la con-
templation oisive. Le tabac a fait beaucoup de poètes,
mais de ces poètes égoïstes qui gardent pour eux leurs
songes et ne prennent pas la peine de les écrire.

De cet examen rapide, il résulte que l'état physiologique le plus propre à l'invention est encore l'état
normal. Les excitants ne produisent pas l'effet qu'on
en attend. Il est vrai que les hommes qui ont pris
l'habitude d'y recourir ne peuvent en suspendre
l'usage sans éprouver d'abord une réelle déperdition
d'intelligence. Celui qui prend chaque jour du café
et ne remarque plus l'excitation qu'il en reçoit, remarque fort bien qu'il a l'esprit plus lourd et plus
paresseux quand par hasard il en est privé. Ce fait
s'explique facilement, une excitation fréquemment
répétée finissant par devenir l'état normal de l'organisme. De plus, on sait qu'à un état physiologique
spécial correspond un ordre de pensées déterminé,
en sorte que, pour continuer un travail commencé
dans certaines conditions physiologiques, il faut
se replacer dans des conditions semblables. Souvent
il nous arrive en dormant de nous rappeler des rêves
très anciens et de les continuer. Les idées conçues
sous l'influence de l'ivresse disparaissent et reparais-
sent avec elle. Le fumeur qui renonce tout à coup à
l'usage du tabac a grand'peine à continuer l'ouvrage

commencé sous son influence. Ainsi, pour accomplir un travail donné, le mieux est de se placer dans les conditions physiologiques auxquelles on est habitué, quand bien même elles seraient défectueuses. Mais cela même nous prouve la nécessité de prendre de bonnes habitudes. Les substances excitantes ne produisent plus aucun effet quand l'organisme y est accoutumé, en sorte que l'on s'est donné beaucoup de peine pour revenir en définitive à l'état normal : l'intelligence n'a rien gagné à cet essai, et la santé y a beaucoup perdu. Pour entretenir l'excitation, il faudrait augmenter sans cesse la dose des excitants; et c'est là malheureusement un besoin presque irrésistible. Mais le système nerveux, ébranlé par ces secousses continues, finira par ne plus pouvoir leur résister; alors commenceront la désorganisation du cerveau et l'altération progressive de l'intelligence. Les imprudents qui, pour exalter leur imagination, font appel à ces habitudes dangereuses, doivent se dire que fatalement elles les trahiront un jour et se retourneront contre eux. Tout excitant n'est au fond qu'un stupéfiant. — Ce n'est donc pas par ces procédés brusques et violents que l'on augmentera le rendement de l'intelligence. On a traité la pensée par la médication et l'empoisonnement, quand elle ne devrait être traitée que par l'hygiène. Le génie n'est pas une névrose, mais la parfaite santé du cerveau. Les grandes œuvres ne sont pas l'effet d'une heure de délire, mais d'une vie entière de travail et d'application.

II. — Conditions psychologiques.

Les conditions physiologiques de l'invention, quelle que soit leur importance, sont encore extérieures à l'esprit. C'est dans l'intelligence même que nous devons étudier l'apparition des idées. Quelles sont les qualités intellectuelles que l'expérience nous montre le plus utiles à l'inventeur?

Un esprit inventif doit être curieux et original.

Si notre esprit était indifférent à la découverte de la vérité, il ne ferait aucun effort pour penser : il n'aurait d'autre activité que celle qui lui serait imposée par les conditions de la vie organique. Alors même que l'intelligence resterait inerte, elle ne serait pas tout à fait immobile; car les modifications incessantes du cerveau lui donneraient au moins une certaine instabilité. Mais ce n'est pas là un véritable travail. Pour penser énergiquement, il faut se proposer un but et désirer l'atteindre; il faut en un mot être curieux.

Pour un esprit inventif, la recherche de la vérité est plus désirable encore que sa possession. On dirait que l'idée, en se laissant atteindre, perd tout son prix aux yeux de celui qui la poursuit. Il contemple un instant sa découverte avec un sentiment de fierté et de dédain, puis il s'élance de nouveau vers l'inconnu, tourmenté par cette insatiable curiosité qui est le génie même de l'invention.

Comment un pareil sentiment peut-il se développer en nous? Noble et désintéressé entre tous, il a pourtant son origine dans l'intérêt. Le désintéressement ne peut être obtenu que par une insensible transformation de l'égoïsme : car, si notre fin dernière est le bien, notre fin première est le plaisir. Nous avons dans l'avarice un exemple remarquable et bien souvent cité de cette transformation. L'avare commence par aimer l'or pour les avantages qu'il espère en retirer; il travaille à s'amasser une fortune avec l'intention d'en jouir plus tard; mais peu à peu, à force de remettre au lendemain les plaisirs qu'il s'en promet, il finit par se les interdire toujours et par les oublier absolument : de sorte que ce qui n'était d'abord qu'un moyen devient pour lui une fin véritable. Il en est de même pour le savant ou l'inventeur. Dans ses rêves de jeunesse, dans ses rêves d'ambition, il ne désirait tant arriver à quelque grande découverte que pour attirer sur lui l'attention publique; à la vue de quelque œuvre célèbre, il a senti s'éveiller en lui des facultés dont il n'avait pas encore conscience, et, pris d'émulation, il a éprouvé le besoin de produire quelque chose d'aussi beau, pour trouver place à son tour au rang des hommes illustres. Plus tard, devenu plus sage et peut-être moins généreux, il a travaillé pour s'assurer une position agréable et indépendante. Plus tard enfin, arrivé à son but, il a continué ses travaux en vertu de l'habitude et de la force acquise. La recherche de la vérité ne devient donc parfaitement désintéressée que chez ceux qui en ont tiré tout le profit possible. Qu'importe après tout l'origine de nos sentiments, si la fin en est belle et généreuse? En montrant que nos idées les plus nobles sont de basse extraction, nous n'avons pas voulu diminuer l'estime qu'on leur accorde, mais au contraire les faire admirer davantage : la distance du point de départ au point d'arrivée marque toute la grandeur du progrès accompli.

La seconde qualité que nous avons reconnue dans l'inventeur, c'est l'originalité. Chaque homme naît avec des aptitudes et des facultés particulières : tous les esprits sont donc naturellement originaux; mais ils perdent promptement cette qualité native. Le commerce de la vie, l'échange des idées, l'autorité des opinions courantes a bien vite ramené notre sens personnel au sens commun. Pour garder notre indépendance, pour nous soustraire à l'invasion des idées banales, il faudrait nous isoler complètement de la société. Il n'est pas d'inventeur qui n'éprouve par instant le désir de se renfermer en lui-même, pour poursuivre en paix le travail de sa réflexion. Les esprits originaux ont besoin de solitude. Ils ont aussi besoin d'un peu de loisir, pour rêver à leur aise et se recueillir dans leur pensée. Comme on a fait l'éloge de la folie, on pourrait faire l'éloge de la paresse. Un artiste qui travaillerait toujours ne saurait être véritablement fécond. Dans la vie d'un écrivain, ce sont les périodes, de repos qui sont en réalité les plus productives; ce sont elles qui sont consacrées au travail de l'invention. Il faut donner aux idées le temps de se former; ne pouvant les faire apparaître à volonté, il faut savoir les attendre. En vain tâcherions-nous de surmener notre imagination : elle deviendrait bientôt rebelle, si de temps à autre nous ne la laissions pas tranquille.

La science. — L'originalité est-elle compatible avec la science? A ne consulter que la statistique, on serait tenté de le nier. Il n'y a presque pas de grandes inventions qui aient été faites par des érudits. D'où ce préjugé assez répandu que, pour avoir de l'imagination, il est bon d'être ignorant. Mais il faut être très prudent dans l'interprétation des statistiques. Admettons que la plupart des inventeurs soient ignorants : cela pourrait s'expliquer par le simple calcul des probabilités, en supposant seulement que le génie inventif soit indépendant des connaissances acquises. Comme les savants forment dans tout pays une infime minorité, il est clair que le hasard de l'invention devra les favoriser moins souvent que le grand parti des ignorants. Pour affirmer que la science ôte quelques chances, il faudrait chercher si les savants n'ont pas fait un peu moins de découvertes que ne leur en aurait assigné la simple probabilité. Il suffit de poser ce problème pour voir immédiatement qu'il est insoluble : car jamais on n'en établirait les données avec une exactitude suffisante. Au lieu de compter les faits, cherchons à les interpréter.

L'invention n'est pas une création absolue, mais une combinaison nouvelle d'idées ou d'images antérieures. Plus ces matériaux seront nombreux, plus seront variées les constructions idéales qu'on en pourra former ; l'esprit sera donc d'autant plus ingénieux et plus inventif qu'il aura acquis plus de connaissances. Comment un ignorant, qui a peu d'idées, pourrait-il avoir beaucoup d'imagination?

Sans doute, quand on ne sait pas, on est obligé d'inventer. Mais quelle peut être la valeur de ces inventions? Le plus souvent, elles seront irréalisables ou chimériques. Un ignorant oubliera toujours quelqu'un des éléments du problème qu'il veut résoudre. Il fera des plans de machine sans tenir compte de la résistance des matériaux, ou de la puissance dont il dispose, ou de la résistance qu'il rencontre, ou du prix de revient. Il imaginera même des machines mécaniquement absurdes, donnant plus que le rendement théorique, faisant plus de travail que leur moteur : alors il prendra place parmi les innombrables et incorrigibles inventeurs du mouvement perpétuel.

Supposons qu'il ait le sens pratique, c'est-à-dire que naturellement et comme par instinct il sache discerner le possible de l'impossible. Ses inventions seront réalisables. Mais il est fort probable qu'elles auront déjà été réalisées ou même que l'on aura déjà trouvé mieux. L'ignorance ne fait pas que l'on invente, mais que l'on croit inventer. A quoi nous sert de savoir parler et de savoir lire, si ce n'est pour nous mettre au courant de ce que l'on fait autour de nous et de ce qui a été fait avant nous? N'est-il pas infiniment regrettable de voir de belles intelligences perdre leur temps et leur peine à tirer de leur propre fonds des idées qu'un peu d'étude leur aurait aussitôt données? Sans l'instruction, sans la solidarité intellectuelle, chacun reprendra pour son compte toutes les erreurs de ses devanciers et repassera par les mêmes tâtonnements. Il y a beaucoup de mérite à réinventer la géométrie, la physique ou la mécanique; mais ne vaudrait-il pas encore mieux les perfectionner? Le père qui refuse la science à son enfant manque à son devoir, car l'ignorance est un mal; l'Etat qui néglige d'assurer l'instruction à tous les citoyens compromet ses propres intérêts, car l'ignorance est de la force perdue.

Devant de pareils résultats, il nous est difficile d'admettre que les grands inventeurs aient été réellement des ignorants. — D'abord, il est évident que la science est nécessaire aux inventions scientifiques. Sur ce point, l'expérience est parfaitement d'accord avec la théorie. On peut remarquer que, lorsqu'une grande invention scientifique a été faite, il se trouve toujours un certain nombre d'hommes pour en ré-

clamer à la fois la priorité : c'est que cette invention
a été préparée par des découvertes antérieures : elle
est la suite naturelle des progrès qu'a faits aupara-
vant la science; ces progrès l'avaient rendue d'abord
possible, puis imminente, enfin fatale. Il n'est pas
étonnant qu'elle ait été faite presque simultanément
par tous ceux qui étaient au courant de la question.
La découverte était pour ainsi dire dans l'air; l'idée
s'en était déjà présentée à plusieurs esprits, mais à
l'état d'hypothèse, de conjecture, de simple rêverie : on en attribuera le mérite à celui-là seul qui
saura l'éclaircir, la démontrer, en faire la théorie
exacte. L'homme qui n'a qu'une instruction superficielle peut avoir des intuitions, des pressentiments
scientifiques : la science véritable n'est faite que par
les vrais savants. — On n'ose guère attribuer à des
ignorants que les inventions industrielles. Si pourtant on y regarde de plus près, on reconnaît que
la plupart de ces prétendus ignorants ne sont par-
venus à leurs découvertes qu'après avoir comblé,
au prix de grands efforts, les lacunes de leur éducation première. Ils se sont donné une instruction
moins complète sans doute, mais plus solide et plus
réfléchie que l'instruction normale. En outre, on
est trop disposé à regarder comme ignorants tous
ceux qui n'ont pas étudié dans les livres : l'expérience
personnelle, la fréquentation des personnes instruites
ne peuvent-elles pas nous donner bien des connaissances, que souvent nous demanderions en vain à

la lecture? — Enfin il va de soi que, pour une recherche particulière, ce n'est pas de la science en général que nous avons besoin, mais de connaissances spéciales et appropriées à notre but. Pour inventer un nouveau propulseur, on n'a que faire de connaissances littéraires; pour trouver un sujet de roman inédit, il est inutile d'apprendre la mécanique. En étudiant les inventeurs à ce point de vue, on verra que presque tous ils étaient fort instruits dans leur état, en sorte qu'ils avaient précisément la science dont ils avaient besoin.

Il y a pourtant quelque chose de fondé dans la défiance instinctive que la science inspire aux hommes d'imagination. Il est fort souvent arrivé aux inventeurs d'avoir à lutter contre les théoriciens, qui condamnaient à l'avance les recherches commencées ou même niaient les résultats obtenus. C'est un inconvénient réel de l'étude de produire l'esprit de routine. Quand un homme s'est donné beaucoup de peine pour acquérir un certain nombre de connaissances, il est naturellement porté à accuser de présomption ceux qui, sans avoir fait autant d'études, prétendent lui apprendre une chose qu'il ignorait. Les découvertes faites en dehors de la science sont toujours une sorte de vexation pour les savants. Ne rentraient-elles pas dans leur spécialité? N'est-ce pas à eux qu'elles revenaient de droit? — Sans doute ils étaient mieux préparés que d'autres, par leurs études antérieures, à faire cette décou-

verte; mais ils ne l'ont pas faite parce qu'ils ne l'ont
pas cherchée; et ils ne l'ont pas cherchée faute de
temps. Ce n'est pas la science même qui nous
empêche d'inventer : c'est le temps que nous met-
tons à l'acquérir. La science moderne est si vaste
et si complexe, que ce n'est pas trop de toute la
vie d'un homme pour en étudier à fond une partie,
même fort restreinte.

La mémoire. — Pour recueillir les avantages de
la science sans avoir à subir les inconvénients de
l'étude, il faudrait être capable de s'instruire rapidement et sans trop d'efforts. C'est à quoi l'on peut
arriver, quand on a une bonne mémoire.

On oppose quelquefois la mémoire à l'imagination,
comme si ces deux facultés se nuisaient l'une à
l'autre et ne pouvaient se concilier dans un même
esprit. Mais où notre imagination puisera-t-elle les
éléments dont elle forme ses combinaisons originales, si ce n'est dans les idées et les images antérieurement acquises? Si nous apprenons vite et rete-
nons bien, nous pourrons amasser un grand nombre
d'idées et les faire apparaître à volonté dans la
conscience. — Prenons pour exemple un historien
qui cherche à apprécier quelque grand événement.
Il a recueilli sur ce fait un certain nombre de docu-
ments et de textes, dont il ne reste plus qu'à tirer la
conclusion. Si sa mémoire est assez forte pour retenir
tous les détails amassés, il les évoquera tour à tour

avec une telle rapidité qu'ils sembleront lui apparaître simultanément; il les groupera au hasard de
toutes les manières possibles; ses idées, ainsi re-
muées et secouées dans son esprit, formeront
d'abord quelques agrégats instables qui se détruiront
d'eux-mêmes et finiront par s'arrêter à la combinaison la plus simple et la plus solide. Ainsi l'idée
qui lui apparaîtra au bout d'un certain temps de
réflexion sera la conclusion logique des faits connus,
par cela même qu'elle sera la résultante psychologique des idées acquises. Au contraire, si sa mémoire
est trop faible pour retenir tous les faits, ce qu'il
combinera, ce ne seront pas ses idées, mais ses
notes; il les fera passer l'une après l'autre sous ses
yeux, essayant de les disposer dans le meilleur
ordre possible : au lieu d'une classification naturelle qui embrasserait à la fois toutes les analogies
des faits, il ne pourra obtenir qu'une classification
conventionnelle fondée sur quelques rapports arbitrairement choisis. Ses idées ne pourront former
un groupe solide; elles seront placées à la file et
auront entre elles très peu de points de contact. Le
système auquel il aboutira par un tel procédé aura
toujours quelque chose d'artificiel. Un historien qui
n'a pas de mémoire aura difficilement de l'imagination; avec les recherches et les méditations les plus
laborieuses, il n'arrivera pas à comprendre une
époque aussi exactement que celui qui peut en
embrasser dans son esprit tous les détails. L'histoire

est une science exacte sans doute et n'admet pas
l'hypothèse : mais elle la suppose. Les historiens
rigoureux qui condamnent comme aventureuse la
méthode d'intuition sont bien obligés d'y avoir recours pour imaginer le système qu'ils établissent
ensuite par raison démonstrative. En forçant un peu
notre pensée pour la formuler plus nettement, nous
pourrions dire que *le sens historique, c'est la
mémoire.* — Prenons d'autres exemples; nous arri-
verons à un résultat analogue. Un dessinateur qui
pourra saisir d'un coup d'œil les formes d'un objet
ou d'un animal, et les graver à tout jamais dans son
esprit, aura une grande force d'invention. Ses com-
positions seront originales, par la quantité de détails
observés de côté et d'autre qu'il y fera entrer dans
une combinaison inattendue; au lieu que les dessins
d'un artiste moins bien doué de ce côté auront toujours quelque chose de maigre, de convenu, d'intentionnel. — De même, un musicien n'aura d'imagination que s'il a la tête pleine de sons, de mélodies
et de combinaisons harmoniques. — En général, on
peut reconnaître les aptitudes particulières de chaque
homme au genre de mémoire qui est le plus déve-
loppé chez lui. La mémoire des chiffres et des formules fera le mathématicien, la mémoire des mots
le philologue, la mémoire des vers le poète. Cela
vient un peu de ce que nous appliquons de préférence notre mémoire aux études pour lesquelles
nous avons du goût, mais aussi et surtout de ce que

nos goûts sont naturellement portés du côté où notre mémoire est le plus développée.

On pourrait craindre qu'une trop bonne mémoire ne nuisît à la liberté de l'imagination, en représentant sans cesse à l'esprit dans toute leur intégrité les idées antérieurement conçues. A force d'étudier ce qu'ont pensé les autres, ne perdra-t-on pas l'habitude de penser par soi-même? Il est des hommes qui, pour avoir trop exercé leur mémoire, sont devenus incapables de se faire sur aucune chose une appréciation personnelle : s'ils ont à porter un jugement littéraire, ils ne peuvent que citer les critiques consacrées par la tradition; s'ils cherchent à écrire pour leur compte, ils s'efforcent en vain de se faire un style et des idées à eux; leurs pensées et leurs phrases viennent se couler d'elles-mêmes dans un moule banal et ressemblent toujours à quelque chose que l'on a déjà vu. — Ce défaut n'est pas rare sans doute; mais je l'attribuerais plutôt à une insuffisance qu'à un excès de mémoire. Quand on a de la peine à apprendre, on est obligé, pour retenir ses idées, de les enchaîner fortement l'une à l'autre par des rapports logiques ; elles forment ainsi des groupes compacts, presque indissolubles; elles se présentent toutes ensemble dès que l'une d'elles est évoquée. Les mémoires ingrates ont toujours de la raideur. Au contraire, si nous apprenons facilement, nous pourrons retenir, sans l'emploi d'aucun artifice, un grand nombre de faits isolés; nos associations seront plus souples, plus malléables ; nous évoquerons à volonté les idées les plus hétérogènes pour en former des combinaisons imprévues et originales.

Pourquoi d'ailleurs la mémoire ne nous servirait-elle qu'à retrouver les idées des autres? Nous pouvons l'employer à nous rappeler nos propres conceptions ; et c'est même là un de ses plus précieux avantages. Les idées se présentent à nous à l'heure où nous les attendons le moins : au milieu d'une conversation, pendant une promenade, dans un moment d'insomnie. Dans un certain nombre de cas, nous avons bien la ressource d'en prendre note; mais l'habitude de les noter immédiatement nuirait à la spontanéité de l'esprit. Il est bon, pour penser à l'aise, d'être libre de toute préoccupation littéraire. Les sentiments sincères doivent être presque inconscients; l'idée que nous allons les décrire leur ferait perdre à l'instant toute naïveté. Comment un auteur resterait-il naturel, quand il est là un carnet en main, tout prêt à y écrire de jolies choses, et se travaillant à trouver des phrases à effet? Les *pensées* que l'on recueille avec l'intention d'en faire un livre sont d'ordinaire subtiles, affectées, maniérées : ce ne sont le plus souvent que des idées communes exprimées en métaphores bizarres. Pour arriver à la véritable originalité, il faut être capable de porter longtemps en soi ses idées, en ne les confiant qu'à sa mémoire. C'est dans cette pé-

riode de gestation qu'elles se forment spontanément
par un travail mystérieux. L'auteur qui se presse
trop de les mettre au jour fait comme l'enfant qui,
pour faire éclore plus vite une fleur, dégage avec ses
ongles les pétales délicats encore enveloppés dans le
bouton. L'idée, une fois exprimée, ne se modifie
plus; elle garde désormais la forme raide et inflexible
de la phrase dans laquelle on l'a jetée. Ce qui fait
la fécondité de l'intelligence, ce sont ces pensées
embryonnaires que nous laissons croître en nous
sans en prendre nettement conscience et qu'un
beau jour nous trouvons avec surprise toutes développées. — L'aptitude à évoquer nos conceptions
passées augmente donc singulièrement notre force
d'invention; elle nous permet de mettre des pensées
en réserve pour le jour où nous en aurons besoin :
la force de notre esprit se trouve ainsi multipliée, à
un moment donné, par tous nos efforts antérieurs.
Mais nous ne pouvons y arriver sans une excellente
mémoire : car il s'agit ici de retrouver, non pas des
faits qui auraient fortement frappé notre attention,
mais des idées vagues, fugitives, presque insaisis-
sables, que nous avons à peine remarquées au
moment où elles traversaient notre imagination.

CHAPITRE IV

Les idées une fois trouvées, il reste à les exprimer. Le travail de l'expression n'est pas aussi simple qu'on pourrait croire. Il oblige l'esprit à modifier ses idées, à imaginer de nouvelles combinaisons, à inventer encore. L'analyse des procédés d'expression est donc le complément indispensable d'une étude de l'invention.

Le langage. — Entre tous les moyens d'expression dont nous disposons, le mieux connu, le plus employé, le plus indispensable est le langage.

En nous servant de la parole, nous n'avons d'autre intention que de faire part aux autres hommes de nos propres conceptions. Mais, comme nous allons le voir, les moyens d'expression que nous employons nous rendent plus de services que nous ne croyons nous-mêmes. Ils dépassent l'usage auquel nous les destinons. Imaginés uniquement pour traduire la pensée, ils la transforment et l'enrichissent d'une façon inattendue.

Dans l'état actuel de notre intelligence, le langage et la pensée sont tellement unis, qu'il nous est presque impossible de les dégager l'un de l'autre. En même temps que nous commençons à penser, nous apprenons à parler. La plus grande préoccupation de l'enfant est de s'enquérir du nom de chaque objet. La plupart de nos idées nous sont venues par l'éducation sous forme de mots ; quant à celles que nous avons inventées ou du moins que nous croyons originales, nous n'avons pas perdu une occasion d'en parler. Alors même que nous pensons pour notre compte, nous nous parlons à nous-mêmes ; nous faisons un effort pour articuler des mots ; nous les prononçons tout bas, nous croyons les entendre. Quand nous faisons attention à notre pensée et essayons de la surprendre sur le fait, nous ne pouvons distinguer qu'un chuchotement confus, un bruit de voix qui tintent et bourdonnent dans notre imagination. Cela est si vrai, qu'un son un peu fort, venant de l'extérieur, nous empêche de réfléchir : à la lettre, nous ne nous entendons plus penser.

Les mots étant intimement associés aux idées, nous nous servons des uns comme d'un signe pour représenter les autres. Si par exemple j'entends prononcer le mot de *triangle*, ou si je le vois écrit, j'imagine immédiatement la figure géométrique à laquelle on m'a appris à associer ces sons ou ces lettres. Et de même, si je prononce ou si j'écris ce mot, je sais qu'il ne manquera pas de suggérer à ceux qui m'entendront ou me liront une conception semblable. Ainsi les mots ont la propriété d'éveiller dans mon esprit certaines images, qui sont ce que j'appelle leur signification.

Mais voici où les propriétés du langage deviennent véritablement surprenantes : en me servant des mots, je puis me dispenser d'évoquer toutes les images correspondantes ; de sorte qu'une grande partie de leur signification n'est plus réellement conçue, bien qu'ils aient toujours pour moi la même valeur.

Lorsque nous lisons assez rapidement une page d'un livre, nous n'avons pas le temps d'évoquer toutes les images exprimées; à peine notre esprit a-t-il commencé à concevoir le sens d'un mot, qu'il doit passer à un autre, laissant son œuvre interrompue. Mais, s'il ne développe pas complètement les séries d'images impliquées dans chaque terme, il sait qu'il pourrait le faire avec un peu de loisir; aussi disons-nous que nous comprenons un mot, quand nous le connaissons assez pour être sûrs d'en retrouver au besoin la signification. Soit par exemple le mot de *charité*. Les pensées que ce mot m'a suggérées, à l'instant où mes yeux se sont portés sur lui, ont été fort élémentaires; peut-être même, en ce moment, se réduisent-elles encore à la simple intuition des lettres qui le composent, jointe au sentiment que ce mot m'est bien connu. Maintenant je fais un effort pour le comprendre; aussitôt mon imagination va me représenter des tableaux fort divers : un mendiant qui tend la main, un hôpital, un concert de bienfaisance, etc. Telles sont les images que ce mot a la puissance d'évoquer en moi, ou, en d'autres termes, qu'il contient en puissance.

Plus nous pensons rapidement, ou plus les mots nous deviennent familiers, et moins sont nettes les images qu'ils nous font concevoir. Par nos progrès dans l'art de parler, le sens des mots tend à devenir purement virtuel.

Quelquefois encore, l'idée que me suggère un mot n'est pas exactement celle qu'il désigne. Soit le mot de *violet*. Il ne désigne qu'une pure couleur. Mais, si j'essaye de concevoir quelque chose en prononçant ce mot, j'imaginerai un objet d'une forme précise, ayant une nuance déterminée, c'est-à-dire autre chose que ce que désigne le mot même. Les mots abstraits n'éveillent dans mon esprit que des images concrètes. Si peu que je m'arrête à concevoir leur signification, mon imagination ira trop loin et rétablira l'image totale dont elle a été extraite.

De même pour les termes généraux. Quand nous entendons prononcer les mots d'*arc*, de *fauteuil*, de *statue*, nous nous représentons rapidement quelque objet de ce genre. Ces images qui se présentent à notre esprit, pour être assez vagues, n'en sont pas moins particulières : aussi ne les regardons-nous que comme un exemple, comme une figure destinée à reposer l'esprit sur quelque chose de concret et d'imaginable. Quant à l'idée même qui est le véritable sens du mot, elle est trop abstraite pour être actuellement conçue : elle n'est que l'idée de certaines conditions auxquelles devront être conformes tous les objets que nous rangeons dans la même espèce. — Cependant je sais quelles sont ces conditions, et par conséquent je les conçois? — Non, je ne fais que les exprimer dans une phrase; et cette phrase même, n'étant encore composée que de termes abstraits, n'a qu'un sens tout virtuel.

Il est d'ailleurs des mots dont, par définition même, la signification ne peut être actuellement conçue : tels sont ceux d'*immensité*, d'*éternité*, d'*infinité*. J'aurai beau me représenter une étendue, une durée, un nombre aussi grand que possible, mes représentations seront toujours limitées et ne pourront même être regardées comme une approximation de l'infini. Concevoir actuellement ces idées, ce serait achever une synthèse qui par définition ne doit pas être achevée. La signification de ces mots restera donc toujours virtuelle. Nous pouvons nous en servir dans le raisonnement, et ils ont pour nous un sens aussi complet que tout autre, parce que nous en avons une définition précise. Nous savons fort bien ce qu'il faudrait faire pour concevoir l'infini; et c'est justement pour cela que nous devons nous en déclarer incapables. De même pour les idées contradictoires, et l'idée même de la contradiction; de même pour les termes négatifs, et l'idée même du néant.

On voit, par ces exemples, que nous pouvons comprendre un mot sans concevoir l'objet qu'il désigne, et employer des idées qui dépassent non seulement notre pensée actuelle, mais même toutes nos pensées possibles. C'est ce qui donne à la pensée son caractère mystérieux. L'image présente porte en elle les germes d'une infinité d'images, qui toutes ont une tendance à se développer; elle n'est pas réduite à sa propre valeur : elle vaut encore et surtout par sa fécondité. Lorsque nous méditons, on peut dire que nous portons moins d'intérêt à nos idées réelles qu'aux idées possibles dont nous les savons accompagnées. Notre véritable pensée, qui n'est qu'imagination, semble se compléter dans une pensée idéale et purement logique.

Il faut se rendre compte de cette illusion, pour faire la théorie de la pensée : dans la pratique, il y aurait un sérieux inconvénient à en prendre trop nettement conscience. Lorsqu'on lit un livre dont la matière est un peu abstraite, si l'on vient tout à coup à se demander ce que tout cela peut bien représenter à l'imagination, à l'instant on cesse de rien comprendre aux phrases que l'on a sous les yeux; et l'on est obligé d'attendre que cette obses-

sion fâcheuse ait disparu, pour pouvoir continuer sa
lecture. C'est que l'illusion logique disparaît dès
qu'on la soupçonne. Il faut penser tout naturellement, sans réflexion : alors on pourra croire que
l'on juge, que l'on compare, que l'on raisonne; mais,
si l'on se regarde penser, on ne trouvera plus dans
l'esprit que ce qu'il contient réellement : des images.

Plus une idée sera abstraite, moins elle suppor-
tera une attention fixe et prolongée. Par exemple, le
mot de *lion* me suggère une image assez complexe ;
le mot d'*être* au contraire n'a presque pas de com-
préhension. Aussi je puis concevoir un *lion* pendant
plusieurs secondes de suite; mais si j'essaye d'arrêter
quelque temps mon intelligence sur le sens du mot
être, si je m'interdis de penser à aucune autre
chose qu'à l'ÊTRE, mon esprit restera comme stu-
pide. Je regarderai ces lettres avec étonnement et
ne saurai plus ce qu'elles veulent dire. On pourrait
dire de toutes nos idées abstraites que nous savons
parfaitement ce qu'elles veulent dire tant qu'on ne
nous le demande pas, mais que nous ne le savons
plus dès qu'on nous le demande. En effet, l'objet
d'un mot abstrait ne pourrait être conçu que par un
acte également abstrait. Cette condition est réalisée
en partie lorsque nous pensons vite : l'esprit passe
rapidement sur les mots et ne se repose que lorsqu'il a achevé la phrase, en sorte qu'à chaque mot
n'a correspondu qu'un fragment de pensée. Mais,
s'il vient à se buter sur une expression et à essayer

de la concevoir isolément, son mouvement s'arrêtera ; et, faute d'activité, il ne concevra plus rien. Il suffit de répéter un mot plusieurs fois de suite, pour lui faire perdre toute vitalité ; n'excitant plus en nous aucune conception, il ne nous paraît plus avoir aucun sens. Ou bien, s'il évoque en nous quelques images, ces images, étant conçues à part, sont nécessairement beaucoup plus concrètes que l'idée que nous voulons concevoir. Nous devons penser sans trop réfléchir. Nos idées s'évanouiraient, si nous fixions sur elles notre attention, comme ces taches voltigeantes qui fuient devant le regard et ne peuvent être perçues que par la vision indirecte.

L'algébriste sait-il ce que deviennent ses idées quand il les fait entrer, sous forme de signes, dans ses formules ? Les suit-il à travers toutes les phases de l'opération qu'il effectue ? Non sans doute. Il les perd aussitôt de vue. Il ne s'inquiète que d'aligner et de combiner, suivant des règles connues, les signes matériels qu'il a sous les yeux ; et il accepte avec une pleine sécurité le résultat obtenu. Lorsque nous faisons un raisonnement un peu abstrait, notre esprit cesse vite de concevoir le sens des mots qu'il emploie ; et pourtant il sent que la vérité est toujours avec lui ; car, lorsqu'il reprend pied, lorsqu'il se trouve ramené à une formule intelligible et vérifiable, il voit que sa conclusion est d'accord avec les faits.

Il nous serait actuellement impossible de réaliser

la minime partie des idées que représente notre langage. Cette parfaite confiance dans l'emploi des
signes, qui est la marque des esprits propres à la
spéculation, a bien ses dangers. Nos symboles gar-
dent-ils leur force de vérité longtemps encore après
qu'ils ont cessé d'être pour nous intelligibles? On en
pourrait douter. On ne peut se défendre d'un sentiment d'inquiétude, quand on voit les esprits s'avancer
avec tant d'insouciance en pleine abstraction. Avec
une véritable témérité, la pensée humaine s'est
élevée, de mot en mot, dans la région des idées
pures. Elle ne devrait pas trop oublier que son point
de départ est dans l'intuition sensible, et qu'en fin
de compte toute vérité repose sur les faits d'expériences. Un esprit, si juste qu'il soit, a besoin de
revenir souvent aux exemples précis, aux applications particulières, pour s'assurer qu'il ne dérai-
sonne pas.

Puisque le langage est capable de se substituer à
la pensée, puisque les mots peuvent remplacer les
idées, au moins provisoirement, on voit de quel
secours peut être l'emploi de ces signes dans le travail de l'invention.

Ils nous servent d'abord à fixer nos idées acquises.
Les mots sont de véritables objets, que nous pouvons
manier à notre guise, placer et déplacer dans la
phrase, combiner de mille façons. Si nous avons
besoin de réfléchir longtemps à une même idée et
de la soustraire au mouvement continu de l'intelli-

gence qui l'emporterait bien vite, nous nous répétons à nous-mêmes le mot correspondant, ou nous le gardons écrit sous nos yeux : de sorte que notre intelligence, malgré toutes ses velléités de digression, se trouve toujours ramenée à l'objet qui nous occupe. Nous la tenons ainsi comme en laisse, nous la tirons à nous, et la faisons aller de gré ou de force au but que nous nous étions proposé.

Cette méthode retarde, il est vrai, la pensée; mais ce retard même est très profitable à l'invention. Les lenteurs du langage impatientent l'esprit, qui s'ingénie à trouver des idées nouvelles pendant que la phrase suit régulièrement son cours. Les réflexions silencieuses sont peu suggestives, parce que l'esprit va trop vite à la conclusion. Nous complétons nos pensées en essayant de les exprimer. Quand on improvise, presque tout le travail de l'invention se fait dans le temps très court qui sépare la conception de l'idée de la découverte de l'expression. Dans une discussion passionnée, il est bien rare qu'aucun des deux interlocuteurs s'inquiète de ce que dit l'autre; quelquefois même, tous deux parlent en même temps. La discussion n'est donc pas à vrai dire un échange d'idées; mais elle est un excellent exercice d'invention. Quand on a devant soi un adversaire, on s'ingénie à trouver des raisons pour le convaincre, des mots pour résumer ses idées; et ainsi l'on rencontre des pensées originales que l'on n'aurait certainement pas obtenues par un simple

effort de réflexion. Il est même des personnes qui
ne sauraient trouver d'idées sans se donner un con-
tradicteur imaginaire, avec lequel elles entament
une véritable discussion, faisant à la fois les objections et les réponses, et se dédoublant pour ainsi
dire pour jouer simultanément ces deux rôles.

Enfin le langage nous fait trouver par lui-même
des idées. Pour décrire une image ou définir une
idée que nous concevons, nous sommes obligés d'en
énumérer tous les détails, et par conséquent de les
distinguer. Pour prononcer une phrase, comme
pour écrire un livre, il faut se faire un plan; il faut
dégager les unes des autres ses diverses idées,
rompre les rapports de simple association qui se
seraient accidentellement établis entre elles, et les
disposer dans un ordre logique. Mais la méthode
nous fournit des plans tout faits; et les règles de la
syntaxe, qui président au développement de nos
phrases, président en même temps au développement de notre pensée. Il est même des tournures
qui sont par elles-mêmes suggestives , l'antithèse
par exemple, qui fournit des idées souvent fort originales par un simple renversement de mots.

Le langage est une véritable machine à penser.
Fournissez-lui la moindre idée : il la saisit, l'étire,
la coupe par morceaux et vous construit de toutes
pièces un raisonnement. — Quand un orateur prononce un discours dont il n'a préparé que l'ensemble, il s'en rapporte pour le détail à l'inspiration

du moment. Il compte sur la parole même pour lui fournir les idées particulières qui lui font actuellement défaut. Un mot dit par hasard sera le point de départ de tout un développement. A peine a-t-il prononcé la première partie d'une phrase, qu'il se met à penser à autre chose; et la phrase continue toute seule, en vertu d'actions réflexes, avec de véritables trouvailles d'idées et d'expressions. Il est facile de remarquer que le début des discours improvisés est généralement embarrassé, pénible. C'est que l'orateur n'a pas eu le temps de s'échauffer; il ne se sent pas encore porté par la phrase. On voit pourtant, au ton qu'il prend, qu'il essaye de lancer en avant ses périodes. Quand enfin il aura réussi à mettre son discours en mouvement, il sera lui-même entraîné par la vitesse acquise; il n'aura plus une seule hésitation de parole, une seule défaillance de pensée; il pourra même, de temps à autre, laisser reposer son esprit et s'écouter parler avec complaisance. La phrase est un *volant* dont on a quelque peine à vaincre l'inertie, mais qui, une fois lancé, ne s'arrête plus et régularise d'une manière admirable les efforts capricieux et intermittents de la pensée.

L'écriture. — Si nous écrivons nos pensées au lieu de les développer oralement, la différence de procédé entraînera une différence dans les résultats obtenus. En parlant, on trouve plus d'idées; la

plume en main, on en trouve de plus justes. Il est
des hommes qui écrivent bien et parlent mal : ce
sont ceux qui ont l'imagination lente et ne peuvent
improviser même leurs traits d'esprit. Il en est
d'autres qui écrivent mal et parlent bien : ce sont
les esprits en dehors, plus brillants que solides, qui
ont la verve et non la réflexion. L'écriture, étant
plus lente que la parole, laisse le temps à la critique
de se produire. L'orateur est emporté par sa pensée;
l'écrivain la surveille et la dirige. Ses idées sont plus
intentionnelles, plus cherchées, plus voulues. Elles
ont un caractère logique mieux accentué.

Cette intervention de la critique dans le travail de
l'invention a ses avantages. Elle a aussi ses dangers.
Si l'on se défie trop de soi-même, si l'on écrit trop
lentement, l'inspiration a le temps de s'évanouir.
L'esprit, fatigué d'être arrêté sans cesse quand il s'engage dans une série d'idées, se rebute de cette besogne ingrate et cesse de faire aucun effort. En voulant
trop bien faire, on finit par ne plus rien produire.

En écrivant, on ne peut guère employer que deux
méthodes : l'une rapide, l'autre lente; et entre les
deux il n'y a pour ainsi dire pas d'intermédiaire.
C'est que dans la seconde on donne à la critique le
temps de s'éveiller, et qu'il est bien difficile de lui
faire sa part. — Ce sont en général les produits de
la méthode rapide qui sont les meilleurs; mais je
crois qu'ils ne doivent leur valeur qu'aux habitudes
prises dans la méthode lente. L'écrivain qui pèse

scrupuleusement tous les mots qu'il emploie n'avance pas vite en besogne et ne trouve que des phrases d'un style obscur, tendu, fatigant; mais, par cet exercice, il devient maître de son instrument, il apprend à bien manier la phrase. Il s'établit, entre son langage et sa pensée, une telle harmonie, que plus tard, quand il s'abandonnera à son inspiration, il rencontrera, sans même y penser, la forme la plus naturelle et la plus expressive à la fois. C'est mal connaître les ressources de l'esprit que de voir, dans tous les effets qu'obtient un auteur, le résultat d'une intention spéciale : un style aussi travaillé serait artificiel et déplairait vite. Où l'on voit des intentions, il n'y a que de l'instinct : l'instinct naturel ou acquis des convenances du langage. Le style n'a de grâce que par cette appropriation facile, spontanée et nonchalante des mots aux sentiments, par cette aisance d'expression qui est le résultat d'un travail assidu. Le style serait mauvais s'il attirait par lui-même l'attention. Ce serait donc une détestable méthode que de rechercher, en écrivant, les élégances, ou, pour les mieux nommer, les affectations de langage. Une beauté que les mots tireraient d'eux-mêmes serait un défaut dans l'expression de la pensée. Il faut se garder de donner une valeur propre à ce qui ne vaut que comme signe.

Le problème qui se pose à l'écrivain est le suivant: étant donnée une idée qu'il conçoit, trouver le moyen d'en suggérer une semblable à son lecteur.

Si l'expression de notre pensée est insuffisante, elle ne sera pas comprise : faute d'indications, l'esprit de notre lecteur ne pourra reconstituer les idées que nous avions présentes à l'esprit lorsque nous écrivions. Bien souvent il nous arrive, dans le premier jet de l'expression, d'être fort satisfaits de notre œuvre : en même temps que notre plume court sur le papier, nous nous représentons vivement les idées que nous voulons exprimer, les images que nous voulons décrire; et il nous semble que nous les avons parfaitement rendues. Mais si nous venons, après quelques jours, à nous relire, nous sommes surpris de voir combien ces pages, qui nous paraissaient si chaudes, si colorées, sont froides et ternes. Ainsi l'enfant, qui décalque une estampe enluminée, croit reproduire exactement les figures dont son crayon suit les contours; il distingue, à travers le papier, les couleurs de son modèle, qui donnent à sa copie la vie et la lumière; mais, s'il vient à soulever sa feuille transparente, il voit avec déception cette belle image se décolorer, pâlir, s'effacer : et il n'a plus sous les yeux que quelques lignes sèches et maigres, où lui-même a peine à reconnaître la silhouette de ses personnages.

Un autre défaut serait de trop multiplier les indications. Les descriptions surchargées de détails paraissent obscures; les raisonnements trop prolixes, superficiels. Nous devons, en écrivant, faire appel à l'imagination du lecteur et lui laisser le plaisir de

nous entendre à demi-mot. Les plus belles œuvres
sont celles qui donnent le plus à penser.

Les procédés artistiques. — Les procédés d'expression dont l'art dispose sont moins expéditifs que
le langage; mais, par cela même, ils sont peut-être
plus suggestifs encore. Ils sont aussi plus matériels :
aussi donnent-ils une plus ample et plus solide satisfaction au génie créateur.

L'artiste est tourmenté par le besoin de produire.
C'est à ce but pratique que tendent tous les efforts
de son imagination. Il n'attache qu'une très médiocre
valeur à ces images fugitives, qui traversent l'esprit
sans y laisser de traces, à ces rêveries tout intérieures dont se contentent les oisifs. Il ne pense pas
pour le plaisir de penser, mais pour trouver des idées
dont il puisse tirer parti. Il n'est fier de ses plus
belles conceptions que lorsqu'il les a réalisées dans
quelque œuvre visible, palpable, matérielle.

On donne communément à la faculté d'invention,
quand elle est développée d'une manière remarquable, le nom de génie, et à la faculté d'expression
le nom de talent. Il est des hommes de génie qui,
faute de talent, passent leur vie à concevoir des pro-
jets grandioses qu'ils n'exécutent jamais. Il est des
hommes de talent qui, malgré tous leurs soins et
leur habileté, ne peuvent s'élever au-dessus du médiocre, et, faute de génie, n'exécutent jamais que
des œuvres banales. Ces deux facultés sont donc

également nécessaires à l'artiste. On ne leur attribue pourtant pas une égale importance. On regarde souvent le talent comme secondaire, par cette seule raison que c'est l'étude qui le donne. Mais, si le talent est chez ceux qui le possèdent une qualité acquise, il ne s'ensuit nullement que tout le monde soit capable de l'acquérir. L'expression des idées n'est pas seulement affaire de procédés; car les procédés connus ne sont jamais suffisants que pour les idées vulgaires. Tout esprit original éprouve le besoin de se faire une méthode, une forme, un style personnel. L'expression des idées ne demande pas moins d'originalité que leur invention. N'est-ce pas avec le même esprit que l'artiste ébauche son œuvre et qu'il l'achève? Le génie et le talent ne sont qu'une seule et même faculté, appliquée à découvrir soit des idées d'ensemble, soit des idées de détail.

Pour exprimer ses idées, il faut d'ordinaire commencer par les transposer. Les signes auxquels nous confions notre pensée ne la reproduisent pas intégralement. L'idée exprimée n'est jamais identique à l'idée conçue. Le dessinateur qui veut représenter un paysage doit exprimer, par de simples différences de valeurs, ce qui lui apparaît dans la nature comme une différence de couleurs et de distances. La sculpture a pour elle le relief et n'a pas la couleur; la peinture a la couleur et n'a pas le relief. Le musicien ne peut obtenir les harmonies qu'il rêve qu'en combinant les timbres des instruments en usage.

Exprimer ses idées, c'est aussi les compléter. Lorsque l'artiste se met à l'œuvre, il ne peut avoir une notion exacte et définitive de tout ce qu'il va faire. Il y a toujours, dans l'œuvre réalisée, plus de détail et de précision que dans l'image conçue d'abord. Il ne faudrait pas croire, par exemple, que le sculpteur qui commence à ébaucher une statue l'ait toute faite dans son esprit et se borne à copier exactement ce modèle imaginaire. L'imagination humaine, si développée qu'elle soit, ne saurait soutenir par ses seules forces une pareille conception. L'œuvre matérielle a justement pour but de donner un point d'appui à la pensée et de la soulager de son travail en fixant ses conceptions à l'instant où elles apparaissent. A mesure que la statue prend forme, le sculpteur conçoit les nouveaux détails destinés à la compléter : l'œuvre et l'idée s'ébauchent, se perfectionnent et s'achèvent en même temps. Les procédés d'expression ne nous servent pas uniquement à communiquer nos idées aux autres hommes en les incarnant sous une forme visible : ils nous sont indispensables à nous-mêmes, pour inventer progressivement. Nous serions aussi incapables d'achever une idée sans le secours de ces signes, que de nous élever à la conception du nombre quinze sans un procédé de numération. Dans la formation d'une œuvre d'art, l'esprit et la main travaillent ensemble, la main soutenant l'esprit, l'esprit poussant la main; et c'est à peine si l'œuvre est un peu en retard sur la pensée.

Souvent même, c'est elle qui est en avance et qui entraîne la pensée à sa suite. Un musicien se met à son piano. N'ayant encore aucune idée de ce qu'il pourrait jouer, il plaque au hasard quelques accords et saisit le premier rythme, le premier motif qui se dégage de cette espèce de chaos pour en faire le point de départ de son improvisation. Il a maintenant un thème, dont il prépare ou plutôt dont il pressent les développements futurs pendant que sa main court d'elle-même sur le clavier. Mais d'où lui viennent tous les détails dont il enrichit son idée première? Ce n'est pas son esprit qui les trouve, ce sont ses doigts. Par une parfaite correspondance, qui est le résultat de l'éducation musicale, la main se trouve toujours d'accord avec l'oreille et combine toute seule ses mouvements conformément aux règles de l'harmonie. — On pourrait passer en revue tous les autres arts, peinture, sculpture, architecture, etc. Dans chacun, l'on reconnaîtrait que les moyens d'expression ont une sorte d'originalité propre, et qu'ils complètent ou renouvellent à chaque instant, par des rencontres fortuites, les conceptions intentionnelles de l'artiste. Pour ne pas trop prolonger cette étude, je n'examinerai avec quelque détail que deux arts dont l'analyse sera plus facile, parce que les procédés en sont plus simples et plus expéditifs : je veux parler du dessin et de la versification.

Un dessinateur se propose de représenter une

foule d'hommes assistant à un même spectacle avec des impressions diverses. Actuellement, son imagination ne lui montre que des groupes d'images confuses et mobiles. S'il pouvait fixer instantanément cette conception sur le papier, c'est à peine si l'on saurait y reconnaître un semblant de formes humaines. C'est le travail même de l'expression qui va lui faire inventer tous les détails que son esprit ne pourrait trouver à lui seul. Une ligne tracée au hasard lui donnera un type ou une attitude; les accidents de la composition, un mouvement nerveux de la main, une tache, un trait manqué, lui suggéreront des idées nouvelles : il utilisera ces fautes pour donner à son œuvre cette variété, cette indétermination, qui est un des caractères de la nature. Rien n'est plus difficile en effet que de représenter des personnages ou des objets qui aient l'air d'avoir été disposés au hasard. Nous avons beaucoup plus de peine à concevoir un arbre qu'un vase, une maison qu'un nuage; notre esprit, livré à ses propres forces, est incapable d'imaginer une chose absolument irrégulière : malgré lui, il revient aux formes géométriques. C'est pour cela qu'il est bon de s'abandonner un peu au hasard de l'expression. — Bien des dessinateurs n'ont à leur disposition qu'un nombre très restreint d'attitudes et de physionomies. Toutes les figures qu'ils crayonnent semblent copiées les unes sur les autres, ou tout au moins ont un air de famille. Ce n'est pas précisé-

ment qu'ils manquent d'imagination, c'est plutôt
parce qu'ils n'ont pas la main assez souple. Imagi-
nent-ils une figure nouvelle? Leur crayon se refuse
à suivre ces contours auxquels il n'est pas accoutumé; il revient malgré tout au trait habituel et le
retrace avec une régularité mécanique. D'autres
artistes, au contraire, n'imaginent que des figures
incohérentes ou invraisemblables, parce que leur
main n'a pas, si l'on peut ainsi parler, de volonté
propre, et se laisse aller à tous les caprices de l'esprit. Les mouvements de la main ne doivent être ni
routiniers ni fantasques : ils doivent avoir une loi.
Cette loi, à laquelle les véritables artistes se confor-
ment par instinct, est celle de la corrélation des
formes. Toutes les parties de l'organisme animal
ont entre elles une telle solidarité, que toute modification d'une seule d'entre elles entraine une modification proportionnelle de toutes les autres. Étant
donné un seul os d'un animal, un naturaliste pourrait déterminer approximativement la forme de tout
le squelette; étant donné un seul trait d'un visage,
le physionomiste serait capable de restituer à peu
près le visage entier. A une forme de nez particulière doivent correspondre un front, une bouche, un
menton particuliers; et, ce visage étant donné, on
pourra déterminer de proche en proche tous les
autres caractères de l'organisme : la taille, l'embon-
point, l'âge du sujet, et jusqu'à la couleur de ses
cheveux. Si la physionomie d'un homme qui porte

perruque a toujours quelque chose de bizarre, c'est que cette chevelure étrangère ne peut avoir le même âge et le même tempérament que le reste du visage; nous sommes choqués, sans nous en rendre bien compte, de cette dérogation à une loi générale. Il ne faudrait pas croire que l'harmonie organique se manifeste particulièrement dans les beaux visages. Les traits que nous appelons réguliers ne sont autre · chose que les traits moyens. La beauté académique consiste à n'être ni trop grand ni trop petit, à n'avoir la tête ni trop plate ni trop ronde, le nez ni trop long ni trop court. Comment pouvons-nous déterminer ce trop et ce trop peu? Il est probable que la nature n'a pas d'idée faite là-dessus; et, quand bien même elle en aurait une, nous ne serions pas dans sa confidence. Ce que nous appelons excès et défaut, ce sont simplement les termes extrêmes de l'oscillation naturelle. Mais la loi de balancement organique n'est pas moins clairement manifestée dans ces cas particuliers que dans tous les autres. Il y a autant d'harmonie dans la laideur que dans la beauté, dans les types extrêmes que dans les types moyens. — A la corrélation des formes constantes, ajoutons la corrélation des mouvements, qui règle toutes les modifications accidentelles de la physionomie et de l'attitude, et nous aurons une idée de la multiplicité des rapports qui s'établissent à chaque instant entre toutes les parties du corps humain. Une telle loi ne peut évidemment être réduite en formules logiques. Aussi l'artiste qui la connaît le mieux ne saurait-il en donner les règles. Ce n'est pas par la théorie qu'il l'a apprise, mais par la pratique; il ne l'a pas dans l'esprit, mais dans la main. Les yeux fermés, il lui serait presque impossible d'imaginer un type nouveau : le crayon en main, il le trouvera par cette invention progressive dont nous avons déjà donné des exemples. Il jettera au hasard sur le papier un trait que sa main achèvera toute seule conformément à la loi de corrélation. Par ce procédé, il imaginera des formes originales et harmonieuses à la fois; il inventera de ces figures qui ont l'air d'être des portraits, parce que tous les traits en sont en parfaite correspondance, et que l'on est tenté de trouver ressemblantes, tant elles sont vraisemblables.

Passons maintenant à l'art de la versification. Il a beaucoup varié selon les époques et selon les langues. Mais tous les systèmes ont eu cela de commun, qu'ils obligeaient le poète à tenir compte non seulement de la valeur logique, mais encore de la qualité musicale des mots. Dans le langage ordinaire, on n'emploie les mots que comme un simple signe, et l'on ne fait attention qu'à leur sens, c'est-à-dire aux idées que l'usage et la convention leur ont associées. Dans le langage poétique, on attribue à la sonorité des mots une importance matérielle et intrinsèque. La poésie tient à la fois de la musique et de la prose : on pourrait la définir une prose musicale.

Pour étudier la valeur propre de chacun de ces éléments, il est nécessaire de les séparer l'un de l'autre : pour cela, la diversité des langues nous fournit une méthode d'analyse très facile.

Nous verrons quelle est la valeur logique de la poésie, en considérant une pièce de vers traduite en prose. Plus la pièce traduite était véritablement poétique dans le texte, plus elle perdra à cette transposition. Les plus belles œuvres, ainsi dépouillées de leurs qualités musicales, paraissent vides et incohérentes. Nous admirons encore çà et là des pensées profondes, des métaphores ou des comparaisons originales. Mais un grand nombre de phrases sont creuses, dépourvues de sens, inutiles; à chaque instant, la pensée se perd dans des détours dont nous ne comprenons pas la raison. Cette dépréciation de l'œuvre tient bien au changement de procédé et non au changement de langue, car la traduction d'un morceau de prose ne présenterait pas les mêmes défauts. Prenons, dans notre langue même, une suite de vers irréprochable à nos yeux, et étudions-la au point de vue logique : nous serons frappés à chaque instant de l'insuffisance et de la ténuité de la pensée.

Si nous l'étudions maintenant au point de vue musical, nous n'aurons pas lieu d'en être plus satisfaits. Le rythme des vers est d'une monotonie qui serait insupportable dans un morceau de musique. La sonorité des mots employés est par elle-même

peu agréable à l'oreille : les consonnes sont de simples bruits; les voyelles sont, il est vrai, des accords,
mais leur succession n'a rien de fort mélodieux; les
changements de ton procèdent par intervalles trop
petits pour être bien appréciés. Quant à la rime,
c'est-à-dire au retour à intervalles égaux d'une note
dominante ou d'un bruit plus fortement accentué,
ce n'est au point de vue musical qu'un procédé en-
fantin. Notre langue poétique n'a donc, pour nous-
mêmes qui y sommes habitués, qu'une harmonie
très médiocre. Que serait-ce si nous entendions lire
une pièce de vers composée dans une langue que
nous ne connaissons pas? Elle nous ferait l'effet d'une
véritable cacophonie.

En somme, la poésie est logiquement inférieure
à la prose, musicalement inférieure à la mélodie
pure. Il faut pourtant qu'elle ait quelque qualité
spéciale. Si elle nous plaît, ce n'est par aucun des
deux éléments qu'elle met en présence, c'est par
leur combinaison même. Il est bien vrai que la
poésie est une harmonie; mais il faut entendre ce
mot dans un autre sens qu'on ne le fait d'ordinaire.
Ce n'est ni l'harmonie des pensées, qui est l'ordre
logique, ni l'harmonie des sons, qui est l'ordre musical, mais précisément l'harmonie entre les sons et
les pensées. Nous aimons à sentir l'idée se plier aux
règles du vers, et le vers aux exigences de l'idée.
Cet accord nous charme surtout quand il est réciproque et que les deux termes s'adaptent l'un à

l'autre par une détermination mutuelle. Si la pensée est trop raide ou trop impérieuse pour se prêter à la rime, l'œuvre entière prendra un caractère logique qui la rapprochera de la prose : c'est pour cela que les vers où l'influence de la rime ne se fait pas assez sentir, soit parce qu'elle est insuffisante, soit parce qu'elle est trop cherchée, ne sont guère poétiques. D'autre part, nous ne sommes pas moins choqués lorsque nous voyons trop clairement que la pensée a été obligée de faire toutes les concessions : c'est ce qui arrive dans les pièces dont le mètre est trop exigeant. De telles œuvres peuvent plaire un instant comme tours de force, par le mérite de la difficulté vaincue. Mais elles ont toujours quelque chose de tendu et fatiguent aussi vite que la lecture de bouts-rimés.

Ces remarques générales nous montrent que, dans la poésie, les moyens d'expression doivent avoir une grande valeur suggestive. En étudiant d'un peu plus près le détail des procédés, nous comprendrons mieux encore quelle est leur importance comme méthode d'invention.

Les procédés de la versification française peuvent se ramener à deux conditions principales : le rythme et la consonance.

Le rythme détermine la longueur, la cadence et la disposition des vers. Etant donnée une idée poétique, quel motif a-t-on pour l'exprimer dans un rythme plutôt que dans un autre? Ce choix est

quelquefois intentionnel, quand on cherche la forme
de versification la mieux appropriée au caractère
spécial de l'idée. Mais le plus souvent c'est le hasard
qui en décide : on prend le premier vers tout fait
ou même la première stance qui se présente à
l'esprit, et pour l'utiliser on en fait le type d'après
lequel sera réglé tout le reste de la pièce. On assigne
ainsi d'avance à sa pensée un cadre invariable dans
lequel elle devra se renfermer. Si l'idée ou plutôt si
la phrase que l'on a en tête est trop large pour le
moule dans lequel il faut l'enfermer, on sera bien
obligé de la condenser ; si elle est insuffisante à la
remplir, on devra combler l'espace laissé vide avec
des idées accessoires ; en sorte que les nécessités de
la versification obligeront l'auteur à modifier sans
cesse la forme sous laquelle ses idées lui apparais-
saient d'abord. Cela peut être pour les esprits logiques une sorte de torture : mais, justement parce
que la condition imposée à l'intelligence est absolument illogique, elle la force à s'écarter de sa route
ordinaire ; elle l'entraîne à chaque instant dans une
direction nouvelle et imprévue. Aux associations par
raisonnement, qui conviennent surtout à la prose,
elle substitue les associations occasionnelles ou fortuites, qui donnent à la pensée poétique son caractère d'aisance et de liberté.

La seconde règle à laquelle est soumise notre
versification est celle de la consonance. Comme la
première, elle n'a été établie que dans le but de

donner au langage plus d'harmonie ; et il se trouve qu'elle a en même temps pour résultat de rendre la pensée plus originale. Mieux encore que le rythme, elle contribue à produire cet accord mutuel des sons et de la pensée, qui est l'harmonie propre de la poésie. En effet, de deux mots qui riment ensemble, il y en a toujours un qui a été amené par le sens et l'autre qui a été suggéré par la rime : en sorte que dans chaque distique on peut constater la détermination réciproque du signe par l'idée et de l'idée par le signe. Ce nouveau mode d'associations est fortuit et par conséquent suggestif entre tous. Dans notre langue en effet, il n'y a aucune analogie entre le sens des mots et le son de leur syllabe terminale : cela n'arrive que pour les mots très courts qui ont même racine, et alors il est interdit de les faire rimer ensemble. La règle de la consonance oblige donc le versificateur à associer ses idées d'après des rapports tout à fait irrationnels : loin d'asservir l'imagination, elle lui donne plus de liberté en la délivrant des entraves beaucoup plus étroites de la logique. La rime ne gêne le poète que lorsqu'il prétend la trop subordonner à la raison : s'il commence par arrêter son idée et cherche ensuite à la faire entrer dans le vers, naturellement ce serait un grand hasard si le mot par lequel il l'a tout d'abord exprimée avait le son voulu : il sera obligé de parcourir, dans sa mémoire ou dans son dictionnaire, toute une liste de synonymes, avant de tomber sur un terme convenable. Encore n'en pourra-t-il jamais trouver un qui le satisfasse entièrement : car il n'y a pas dans la langue deux mots dont le sens soit tout à fait le même et qui puissent se prendre indifféremment l'un pour l'autre ; pour une idée donnée, il n'y a jamais qu'une expression juste. Les versificateurs qui se plaignent des procédés de la poésie sont ceux qui ne savent pas s'en servir ; ils veulent en faire un simple moyen d'expression quand ils pourraient en tirer des idées : cela montre qu'ils ont plus de logique que d'imagination et qu'ils feraient bien mieux d'écrire en prose. L'emploi de la rime suppose dans la pensée une certaine indétermination, car elle a justement pour but de déterminer en elle des associations nouvelles.

Il faut toutefois signaler ici un inconvénient de ce procédé : c'est qu'avec le temps et l'habitude il perd beaucoup de ses avantages. L'élément fortuit, qui en fait toute la valeur, tend fatalement à disparaître. Supposons que dans une caisse on ait entassé au hasard un grand nombre de corps de structure diverse, ronds, carrés, crochus, et qu'on agite longtemps le tout : à chaque secousse, ces corps se tasseront davantage ; grâce à leur mouvement, ils se comporteront à peu près comme des fluides ; ils s'ordonneront peu à peu selon leur forme ou leur densité, et finiront par former des agrégats solides, de petits mondes à la façon d'Epicure. Il en est de même des rimes : à force de se heurter au hasard,

elles finissent par se grouper régulièrement. Les
mots qui riment le mieux ensemble ont une tendance à se rapprocher l'un de l'autre et à former
des associations indissolubles. Déjà nous pouvons
remarquer que la plupart de ceux qui ont même
désinence nous paraissent avoir entre eux une remarquable analogie de signification. C'est que, dans
les vers que nous avons lus, nous les avons vus fréquemment associés : les poètes ont cherché, pour
les faire rimer ensemble, toutes les analogies qu'ils
pouvaient avoir, et les ont ainsi gravées dans notre
esprit. Il y a même quelques rimes qui se sont définitivement accrochées l'une à l'autre, en sorte que,
si la première apparaît, on peut prédire à coup sûr
que l'autre va venir. Dès lors, elles perdent toute
l'utilité qu'on en attend ; au lieu de la variété, elles
engendrent la monotonie ; elles assoupissent la pensée
quand elles devraient la tenir toujours inquiète.
Faut-il craindre que cette sorte d'agglutination progressive n'oblige un jour les versificateurs à changer
leurs procédés actuels? Cela deviendra peut-être
nécessaire, non quand on aura épuisé toutes les
analogies naturelles des mots consonants, qui sont
indéfinies, mais quand la rime ne renouvellera plus
assez les idées : alors un nouveau système apparaîtra,
qui séduira par son originalité et se substituera peu
à peu à l'ancien. L'histoire nous montre que les procédés de versification varient comme les langues : il
y aurait de la témérité à dire que notre vers actuel

est le dernier mot de l'art poétique. Une chose certaine néanmoins, c'est qu'il n'est pas près de disparaître. Les combinaisons auxquelles il se prête, bien
que limitées et calculables, sont encore en nombre
si prodigieux, que les poètes n'en trouveront pas de
sitôt la fin.

Resterait à vérifier cette étude de l'invention poétique par l'examen de quelques pièces de vers que
nous analyserions à ce point de vue spécial. Cette
nouvelle recherche nous entraînerait trop loin pour
que nous puissions l'aborder ici ; mais elle est fort
intéressante , et chacun peut la faire pour son
compte. On n'aurait pour cela qu'à prendre une
pièce assez courte et à chercher quelles sont les
idées qui ont été vraisemblablement amenées par le
procédé même de la versification. Toutefois il faudrait se garder, dans un examen de ce genre, d'assertions trop catégoriques : comme chaque esprit a ses
habitudes particulières, nous aurons grand'peine à
retrouver la suite naturelle des idées de l'auteur.
Nous ne pourrons avancer sur ce point que des
hypothèses plus ou moins acceptables. Il faudra
surtout prendre garde d'intervertir les rapports
d'association. Etant données deux idées, il est très
difficile de savoir quelle est celle qui a été amenée
par l'autre. En général pourtant, on peut affirmer
que c'est le meilleur vers qui a été trouvé le premier. Il faut en outre tenir compte du caractère
général de l'œuvre. — Les pièces lyriques ont le

plus souvent l'air d'avoir été composées dans l'ordre
où nous les lisons. Destinées à exprimer un simple
sentiment, elles doivent être rédigées assez vite pour
que ce sentiment n'ait pas le temps de s'altérer :
l'auteur prend la plume et écrit ses vers l'un après
l'autre, au gré de l'inspiration et de la rime. Plus
ce travail est rapide, plus l'influence du procédé s'y
fait sentir, l'esprit n'ayant pas le temps de réagir
contre elle par un effort de réflexion. Il est donc
probable que les pièces de ce genre auront été composées suivant l'ordre naturel de la causalité. — Au
contraire, les pièces très travaillées, les pièces à
effet sont composées le plus souvent à rebours, suivant un ordre de finalité. L'auteur songe d'abord à
sa conclusion, puis aux moyens par lesquels il la
préparera, et n'arrête son début qu'en dernier lieu.
Dans ce cas, l'ordre réel des associations est l'inverse
de leur ordre apparent. — Mais les deux procédés
que nous venons d'indiquer ne peuvent être séparés
qu'artificiellement : dans la pratique, ils se mêlent
toujours étroitement l'un à l'autre. Dans les pièces
de sentiment, l'auteur ne peut se délivrer de toute
préoccupation littéraire ; il ne s'abandonne pas complètement à la série progressive de ses idées ; tout
en écrivant, il prépare des effets, et par conséquent
fait un emprunt à la méthode régressive. Dans les
pièces à effet, l'auteur, qui a composé son œuvre à
rebours, est bien obligé de l'écrire à la suite ; et le
hasard de l'expression vient modifier à chaque ins-

tant les idées préconçues : l'ordre de la causalité
directe se substitue peu à peu, pendant qu'il écrit,
à l'ordre de la finalité. On ne cherche pas d'ailleurs
à éviter ces nouvelles associations; en mêlant dans
l'œuvre l'ordre naturel à l'ordre intentionnel, elles
rendront la conclusion plus vraisemblable encore
et augmenteront l'effet produit.

Un seul homme serait à même de nous dire exactement comment une pièce a été composée : ce
serait son auteur. Mais les poètes n'aiment pas à
montrer leurs brouillons. D'ailleurs, s'il en était
d'assez confiants pour nous donner à ce sujet tous
les renseignements désirables et nous faire en détail
l'histoire de leur pensée, nous ne les croirions pas.
Pourquoi avoir pris ce titre plutôt qu'un autre?
Pourquoi ce nombre de vers? Pourquoi cette idée?
Pourquoi ce mot? Tant de petites raisons et de
petites causes ont présidé à ce choix, que, si l'on
nous en donnait le détail, l'explication paraîtrait
absolument invraisemblable. — De même, il était
tout à fait invraisemblable que ce ballon allât tomber
précisément là où il est tombé; que ce promeneur,
en marchant à l'aventure, suivît exactement cet
itinéraire; que cette balle atteignît juste ce point de
la cible; que toutes les phrases de ce livre fussent
écrites comme elles ont été écrites. En y réfléchissant, on reconnaît qu'il n'arrive rien au monde qui
ne soit infiniment improbable, moralement impossible.

CONCLUSION

Tous les faits que nous avons étudiés nous ramènent à l'idée qui nous avait été suggérée d'abord par des considérations générales : c'est que le véritable principe de l'invention est le hasard, c'est-à-dire le déterminisme des causes naturelles, l'énergie propre des forces physiques.

Aux yeux d'un observateur superficiel, l'invention semblera jaillir tout à coup du choc de deux idées ; de ce que nous n'avons pas eu conscience de ses antécédents, on sera porté à conclure qu'elle n'en avait aucun. Mais pourquoi ces deux idées se sont-elles choquées ? Comment se sont formées les longues séries de conceptions dont elles ne sont que le dernier terme ? Au-dessous de l'idée, il faut voir la sensation qui lui a donné naissance ; et, au-dessous de la sensation même, il faut voir l'être substantiel et vivant dont elle n'est que la modification. L'art d'inventer n'est pas cet art abstrait et logique, dont parlent ceux qui réduisent l'homme à la pensée et la pensée à un vain cliquetis de formules : c'est un art profond, concret, organique, auquel sont employées à la fois toutes nos facultés et toutes nos fonctions : c'est le développement même de la vie.

L'explication que nous avons essayé de donner des phénomènes de l'invention ne porte aucune atteinte à la gloire des grands inventeurs : elle ne doit pas diminuer l'admiration que nous avons pour eux. Sans doute, en attribuant à des causes purement naturelles l'apparition des idées les plus originales, nous enlevons au génie son caractère miraculeux ; mais nous lui conservons son caractère exceptionnel. Nous n'ôtons même pas à l'inventeur le mérite de son invention ; car, s'il a trouvé par hasard, au moins a-t-il cherché volontairement. Ses découvertes antérieures, ses idées acquises, ses efforts de méditation doivent être comptés au nombre des conditions qui ont déterminé l'idée nouvelle et l'ont rendue nécessaire à un moment donné. Les idées ne nous tombent pas du ciel toutes faites : elles ne germent, elles ne se développent que dans les esprits déjà cultivés et préparés à les recevoir.

FIN

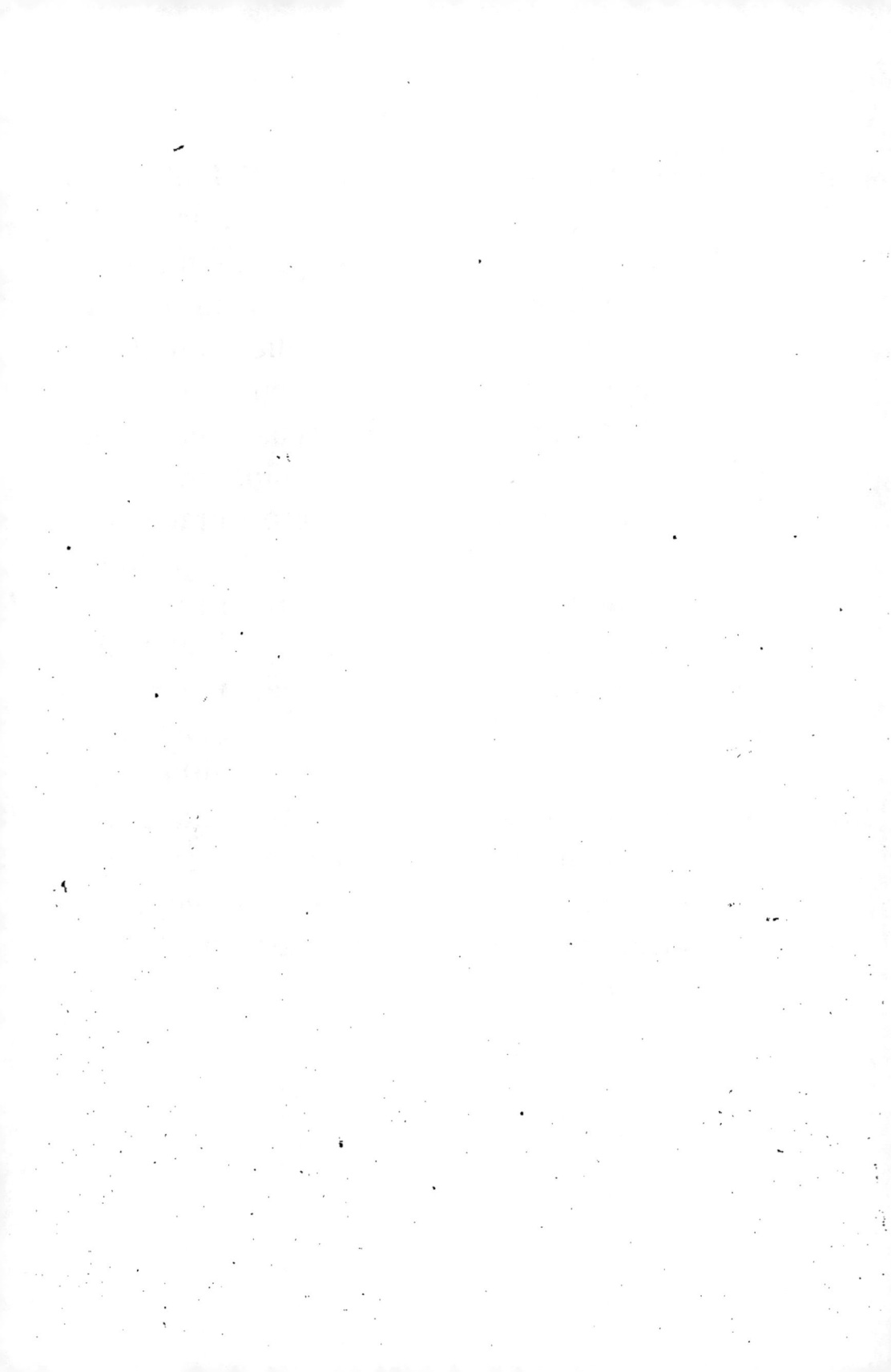

www.ingramcontent.com/pod-product-compliance
Lightning Source LLC
Chambersburg PA
CBHW050001100426
42739CB00011B/2462

* 9 7 8 2 0 1 2 8 2 1 9 0 3 *